Einmal in Bewegung, hält diese Büffelherde nichts mehr auf. OKAWANGO-DELTA, BOTSWANA

MAGISCHES AFRIKA

DURCH DIE AUGEN DER GÖTTER

Phantastische Luftaufnahmen
von Robert B. Haas

Einleitung von Kuki Gallmann

NATIONAL GEOGRAPHIC

 Eine Sanddüne in der Form von Afrika. SOSSUSVLEI, NAMIBIA

 | *Flamingos an der Küste von* KAPSTADT, SÜDAFRIKA

 | *Alkalische Ablagerungen bilden netzartige Muster.* NATRONSEE, TANSANIA

 | *Dächer dicht aneinander gereihter Häuser.* **INSEL LAMU, KENIA**

 | *Ein einzelnes Gnu in einer Zebraherde.* **MAKGADIKGADI-SALZPFANNE, BOTSWANA**

 | *Flamingos im Nebel.* NATRONSEE, TANSANIA

Einführung

Wir tragen in uns selbst alle Wunder, die wir in der Ferne suchen:
Ganz Afrika mit seinen Ungeheuern lebt in uns.

–Sir Thomas Browne, *„Religio Medici (1642)"*

Afrika ist ein Kontinent im Übergang, ein Kontinent der Extreme – weit, geheimnisvoll, komplex, von einzigartiger Vielfalt. Ein Ort, an dem gleiche und scheinbar gegensätzliche Wirklichkeiten nebeneinander existieren.

Die Seite Afrikas, mit der wir permanent konfrontiert sind, ist bitterarm, gezeichnet von Krankheiten und Konflikten, Gewalt, Korruption, Hungersnöten und Dürren. Afrika ist ein Bettler ohne Hoffnung, angewiesen auf die ständige Hilfe und den Schutz der reichen Länder der Welt. Nach mehr als 30 Jahren in Afrika habe ich von diesen Klischees genug.

Ich möchte ein anderes Afrika besingen: den Kontinent, den ich kenne und jeden Tag meines Lebens erlebe, der unschätzbare Werte besitzt, die der größte Teil der Welt verloren hat.

Es ist Afrika, die Mutter, die Heilerin, die Mitfühlende, die Freundliche, die Gastfreundliche, die Geduldige. Afrika, die Großzügige, die Spirituelle, die Stolze, die Ungezähmte, die Vornehme, die Wilde und die unermesslich Schöne. Es ist nicht das Afrika, das ständig nehmen muss, sondern das Afrika, das viel zu geben hat, das noch die Weisheit besitzt, die der Rest der Welt braucht.

Als Bobby Haas mir vorschlug, die Einführung zu seinem Buch über Afrika zu schreiben, und mir erklärte, was er erreichen wollte, erkannte ich mein eigenes Anliegen wieder. In den Worten, die er wählte, spürte ich seine Entschlossenheit, die andere Seite Afrikas sichtbar zu machen. Die Seite, die sich von dem negativen Bild unterscheidet, das uns durch die Medien vertraut ist. Er wollte seinen Lesern etwas Seltenes, für die meisten Unerreichbares zeigen – den Kontinent in einer anderen Dimension, aus der Vogelperspektive: den Anblick großartiger Szenerien und damit das Wesen Afrikas, so wie es heute ist.

Ich erkannte, dass Bobbys Afrikabuch der erste Schritt auf dem langen Weg sein könnte, das vorherrschende düstere Bild zu verändern. Seine Sicht wäre losgelöst und doch teilnehmend. Er würde den Kontinent der parallelen Wirklichkeiten aus einer anderen Perspektive zeigen – den Kontinent, auf dem unsere Vorfahren ihre Reise begannen. Er würde das Ungewöhnliche im Gewöhnlichen suchen, in einfachen Dingen große Schönheit entdecken und aus den natürlichen Mustern der Landschaft Meisterwerke der Kunst schaffen. Er würde das Wesentliche des nicht besungenen Afrikas einfangen, das vielleicht bald für immer verloren sein wird, wenn wir es nicht bewahren.

Ich spürte, dass er diese Vision trotz aller Widrigkeiten Wirklichkeit werden lassen könnte. Ich wusste, dass es großer Leidenschaft bedürfte, um die Bilder, die er beschrieb, einzufangen. Er würde alle Arten von Schwierigkeiten überwinden müssen: die Fesseln der umständlichen Bürokratie sprengen, kleine Hindernisse und große Kosten bewältigen, nur um endlose Stunden vom Wind durchgeblasen an der Seite eines Helikopters zu hängen. Ich schätzte die Verrücktheit und Großartigkeit seines Vorhabens. Ich wusste, dass es eine beeindruckende Reise sein würde, und freute mich darauf, ihn zu treffen.

Der Treffpunkt war wichtig, denn ich glaube an Vorzeichen. Ich wählte einen ganz speziellen Platz auf meiner Farm in Laikipia, ein Ort in Nordkenia mit endloser Fernsicht und einer Atmosphäre so leicht wie Luft. Makena, meine Lodge am Rand von Kurmakioni, liegt gegenüber dem Ostafrikanischen Graben.

DER HELIKOPTER STEHT VÖLLIG DEPLATZIERT, gleich einem bunten Insekt, im hohen Gras der Savanne. Im Hintergrund schimmern die bläuliche Kulisse des Grabenbruchs sowie der Baringosee mit seinen verschlafenen Inseln. Bobby Haas steigt aus, ein schlanker, gut aussehender Mann mit einer reserviert-höflichen Art und wachen Augen. Er strahlt, wie ich es erwartet habe, große Entschlossenheit aus.

Wenige Stunden später fliegen wir zwischen den Wänden der Mukutanschlucht über gezackte Felsfinger, die so alt sind wie der Planet selbst. Über dem Dorf Mukutani drehen wir in die Richtung ab, in der sich das große Tal weitet. Das Klima in Äquatornähe lässt die Bäume in tropischer Üppigkeit wachsen.

Hier mäandert der große Mukutan River wie eine grüne Phyton durch üppige Palmenhaine. Ich bestaune seine unermessliche Weite, denn ich kenne den Fluss als Rinnsal mit schlammigem Wasser, das aus einem Felsen unter meinem „Nest“ entspringt, meinem speziellen Rückzugsort auf einem Hügel. Von dort windet er sich durch Ol Ari Nyiro und fließt über Majj ya Nyoka hinab zu den großen Wasserfällen.

Wir fliegen südwärts zum Bogoriasee, einem Brutgebiet der Zwergflamingos, ein Ort, den ich als UNESCO-Weltnaturerbe vorgeschlagen habe. Dies wird nun Wirklichkeit, doch das Endziel meiner Träume ist, dass alle 22 Länder, die entlang dem Ostafrikanischen Graben liegen, zu einem Weltnaturerbe vereint werden – jenseits von Politik, Religionen, Rassenschranken und Ausbeutung.

Unter uns wirkt der See geheimnisvoll, unerforscht. Eingeschlossen von steilen Bergen, die Küsten rosa gefärbt von Flamingos, die Tiefen grün getönt vom Soda, ist sein Anblick erstaunlich, ja urzeitlich. Geflochtene Fischreusen sehen aus wie Arabesken aus alter Spitze auf grünem Glas. Graue Felsen, gesprenkelt mit Guano, ähneln primitiven Skulpturen, und Schwärme von Pelikanen mit ausgebreiteten Flügeln werden zu weißen Fächern, von unsichtbaren Händen hin und her bewegt.

Schon auf diesem ersten Flug macht Bobby eine außergewöhnliche Wandlung durch. Seine Reserviertheit fällt von ihm ab, er wird gesprächig, aufgeregt. Sich des Risikos nicht bewusst, lehnt er sich gefährlich weit aus der offenen Hubschraubertür und macht in rascher Folge endlos viele Aufnahmen. Bei jedem guten Bild bricht er in Begeisterungsrufe aus. Das gefällt mir. Er ist besessen. Am Ende dieses ersten Trips wissen wir beide, dass wir noch weitere große Reisen gemeinsam machen werden.

In einem kleinen Flugzeug in geringer Höhe über Afrika zu gleiten, ist etwas Unvergessliches. Es ist etwas ganz anderes, als über die dicht besiedelte westliche Welt zu fliegen. Es steht außer Frage, dass ich mich in Kenia verliebte, als ich an meinem ersten Tag im Land – 1970, gerade aus Italien angekommen – darüber hinwegflog. Ich erinnere mich an die freudige Erregung beim Flug nach Kilifi, als wir beinahe die Baumwipfel streiften und unser kleines Flugzeug neben den Landrovern am Mnarani-Club parkten.

So vieles von Afrika ist unbekannt, ursprünglich, noch nah der Schöpfung. Sobald man abhebt, gibt das Land großartige Ausblicke preis: Berge und Bäume und Savannen und Felder und Herden. Unten sieht man nur wenige Menschen, eine Giraffe blickt zu uns hinauf, ein Elefant trinkt an einem Flussufer. Aus der Perspektive des Himmels erhalten sogar die Städte, meist Plätze von Verwahrlosung und Armut, eine malerische, geschäftige Schönheit. Was auch immer man von oben sieht, wie tragisch, schmutzig oder fremd es sein mag – durch die Transparenz der Luft erhält es eine andere Qualität und wird verklärt.

Wir hören keine Geräusche, wir nehmen den Gestank nicht wahr, wir spüren die Hitze nicht. Wir sehen die Narben nicht, die Arbeit und Müdigkeit in die Gesichter geritzt und in die Glieder geschnitten haben. Wir sind Giganten und blicken auf winzige Figuren herab, die sich, aus welchen Gründen auch immer, in unaufhörlichen Strömen dahinbewegen. Aus unserer Vogelperspektive sehen wir Dinge, die sich normalerweise außerhalb des menschlichen Blickfelds befinden.

In der Stille und im Geheimnis des Fliegens sind wir wie Götter.

Der Flug selbst dauert mehr als zwei Stunden mit einer kurzen Pause, um mitten im Nirgendwo aufzutanken. Nahe einem Dickicht von Dumpalmen zwischen Büschen am Ufer des Tana warteten einige Fässer Kerosin. Als wir wieder abheben, gleiten wir über eine Welt, die sich ständig verändert. Myrrhensträucher, die ein frühzeitiger Regen in zartes Grün gekleidet hat, bedecken endlose Ebenen. Eine Löwin, überrascht bei der Jagd auf ein Warzenschwein, rennt – die Beute noch im Maul – vor dem Schatten der Rotorblätter davon, beobachtet von teilnahmslosen Leierantilopen; dann die ersten silbrigen Baobab-Bäume, wie gestrandete Giganten, reserviert und weise; Dörfer mit strohgedeckten Häusern, wie Nester aneinander gedrängt; eine kleine, einsame Moschee auf einem Hügel, getüncht in leuchtendem Hellblau. Dann glitzert der Indische Ozean unter uns. Wir fliegen über die Insel Lamu, eine Augenweide, und jagen der Sonne durch Mangroven-Kanäle nach, gleiten über weiße Salzhügel, die aussehen wie Perlen auf kostbarem alten Damast. Urzeitliche Formationen von rostrotem und mattgrünem Kupfer lassen den Sand unter dem Wasser gestreift erscheinen. Fischer holen bei Ebbe ihre Netze ein.

Die Tage vergehen im Flug.

Wir entdecken Dörfer bei Sonnenuntergang, weiße Vögel auf Inseln, unberührte Buchten in hellem Azurblau. Wir streifen über die Juwelen von Bajuni, eine Hand voll Inseln, die sich entlang der Küste Somalias erstrecken, und den schmalen Strand von Mkokotoni, wo ich einst in den frühen 1970er-Jahren zwei Wochen gecampt habe. *Dhaus* mit Lateinersegeln gleiten in Schräglage unter uns dahin, am Abend weht der *kasikasi*. Wir erblicken den einsamen Baobab, der vor dem alten Finch-Hatton-Haus in Takaungu Wache steht. Hier pflegte einst Dennis Finch Hatton mit Karen Blixen am Strand zu landen.

WIR STEIGEN JEDEN TAG IN DIE LUFT AUF. Das anregende Gefühl der Leichtigkeit hält an und mit ihm der Glücksmoment, auf die Erde hinabzublicken. Es ist, als wären wir ein Vogel, der nach Süden zieht und sich von den thermischen Winden an den Rändern des Ostafrikanischen Grabens tragen lässt – das Bild der Freiheit schlechthin. Wir sehen Wellen, gekrönt von Schaum, die Bläue des Himmels und die Unschuld, die sich nur Afrika bewahrt hat.

In Peponi auf Lamu essen wir Hummer und Krabben. Wir schlafen in weiß getünchten Zimmern mit hohen Wänden, über unseren Köpfen drehen sich träge die Ventilatoren.

An der Südküste lassen wir uns im hervorragenden Alfajiri Villa Resort nieder. Abends dinieren wir bei Kerzenlicht unter Palmen, aber am Tag gehören wir der Luft. Wir erkunden die Küsten des Indischen Ozeans bis hinunter nach Shimoni und zum Pemba Channel an der Grenze zu Tansania. Ich kenne diesen Ort gut, da ich dort vor langer Zeit unzählige Tage mit meinem verstorbenen Mann und Sohn beim Fischen verbracht habe. Als ich die Gegend nun das erste Mal aus der Luft sehe, bekomme ich einen völlig neuen Eindruck. Riesige Flächen noch intakter Wälder erheben sich aus dem undurchdringlichen Busch. Ruinen alter Moscheen gehen in der Vegetation fast unter, hölzerne Kanus treiben mit ausgestreckten Auslegern am Riff. Bobby ist entzückt von dieser spektakulären, unberührten Schönheit und der unerwarteten Vielfalt von Kenias Küste. Ich freue mich, wie wenig sich in den letzten 30 Jahren verändert hat.

Es ist etwas so Einzigartiges in der Schönheit Afrikas, und etwas so Zerbrechliches. Etwas Uraltes und Großartiges liegt in den offenen Weiten und grenzenlosen Horizonten, die sich makellos vor den Augen des Menschen entfalten.

Es gab eine Zeit, als die Straßen noch rote Pisten waren und nicht asphaltiert bis fast zu mir nach Hause, nach Laikipia, führten. Ich musste regelmäßig meinen Wagen anhalten, um Elandantilopen und Büffelherden passieren zu lassen. Es gab weder Motorsägen noch die verbotenen Holzkohleöfen, deren Rauch nun den Himmel verdüstert. In den dichten alten Wäldern wuchsen Rote Zedern und wilde Oliven, und ich sah Guerezas, Affen, die am Straßenrand an wilden Früchten knabberten.

Wenn ich jetzt fliege, werde ich aus der Luft zum Zeugen des Wandels. Ich kann an zu vielen Anzeichen erkennen, dass der Mensch nicht freundlich zu Afrika war.

Ich sehe spärliche Wälder und Stapel von Nutzholz, die im Dickicht versteckt sind. Hagere Kühe und Ziegen rennen unter uns weg, zerstreut über der staubigen Savanne, die überweidet und erodiert ist. Fahrzeuge sorgloser Eindringlinge hinterlassen tiefe Spuren im Busch, Blechdächer schießen wie Pilze aus der Erde. Neu und hässlich spiegeln sie den machtlosen Himmel wider.

Aber immer noch entdecke ich Tiere, wenn auch seltener als in der Vergangenheit. Ein Elefant, immer eine atemberaubende Überraschung, steht neben einem Zaun direkt an einem reifen Maisfeld. Mal taucht die Masse eines Nashorns auf einer Lichtung der Savanne auf. Am Ufer eines Sees treiben Flusspferde wie glänzende Tonnen zwischen Wasserlilien. Zu oft haben Ziegen und Kühe und kleine Maisfelder diese großartige Schönheit ersetzt.

WIR DENKEN, DASS WIR DIE WELT erobert haben. Wir betrachten unsere Umgebung nur aus der menschlichen Perspektive. Wir glauben, dass sich alles um uns dreht. Diese gewaltige Arroganz muss einmal beim Namen genannt werden. Die Dinge müssen wieder ins richtige Verhältnis gesetzt werden. Wir müssen einsehen, dass wir nur ein Teil der Natur sind und nicht die wichtigste Rolle im Wunder und Geheimnis der Schöpfung spielen. Wir waren nicht zuerst da.

Wir müssen unseren eigenen Platz im Gleichgewicht mit den übrigen Kreaturen wiederfinden, mit denen wir den Planeten teilen. Wir müssen unsere menschliche Dimension wiederfinden und die tiefe Verbindung wieder aufbauen, das Band zur Erde, das alle Dinge vereint und die gemeinsame Quelle allen Lebens ist.

Wir sind Kinder des Universums.

Wir sind das Muster der Dünen in der Wüste und der Nebel im Wald bei Sonnenuntergang. Wir sind die Flügel der ziehenden Gänse und der Schrei des Ziegenmelkers. Wir sind die dahinziehenden Wolken im März, das Auge der Kobra und das Brüllen der Löwen. Wir sind die klaren Schwingungen, die aus hölzernen Flöten kommen, der Herzschlag der Trommeln. Wir sind die Federn der rosa Flamingos, die Oberfläche der Felsen an steilen Schluchten und die Vulkane, die so alt sind wie der Anfang der Erinnerung.

Sie, geehrte Leser, sind eingeladen, Bobby auf dieser Reise zu begleiten. Er wird Sie zwischen die Wolken des reinen Himmels am Äquator mitnehmen, um Zeuge für das Versprechen zu sein, das Afrika immer noch gibt – wenn auch vielleicht nicht mehr lange.

Ich glaube, dass das Pendel in die andere Richtung ausschlagen wird, und dass nun Afrika an der Reihe ist. Der Rest der Welt braucht letztlich sein Wissen. Er sollte es verstehen und auf den Kontinent schauen, der alle Kontinente umschließt. Afrika, die Wunderschöne, Afrika, die Mutter.

– KUKI GALLMANN, *Ol Ari Nyiro, Kenia*

Drei Satelliten nahmen den Kontinent mehrere Male unter Verwendung von vier verschiedenen räumlichen Auflösungen auf. So erzeugten sie Aufnahmen, die ein ungewöhnlich wolkenfreies Mosaik von Afrika lieferten.

 | *Gebirgsausläufer des Hohen Atlas.* BEI MARRAKESCH, MAROKKO

 | *Büffelherde im sumpfigen Delta.* BOTSWANA

 | *Ein Brunnen umgeben von landwirtschaftlichen Parzellen.* GRANDE CÔTE, SENEGAL

 | *Kontrastreiche Fels- und Sandformationen.* SOSSUSVLEI, NAMIBIA

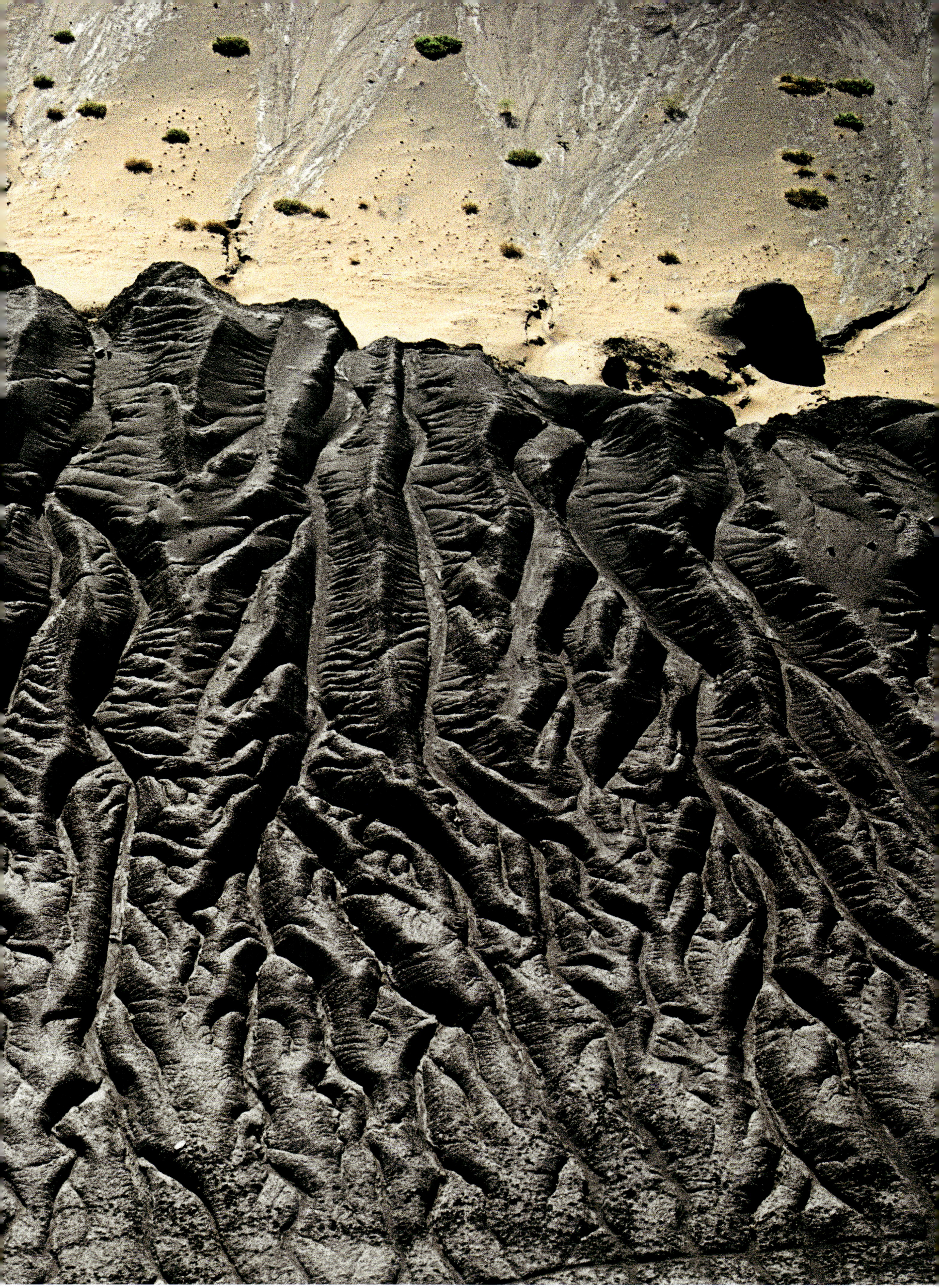

Die Ironie der Fotografie besteht darin, dass wir ein Bild mit bloßem Auge sehen und es dann in einer Art und Weise aufnehmen können, die das bloße Auge nicht sieht.

Obwohl wir ein Motiv immer in Farbe sehen, können wir uns entscheiden, es in Schwarz-Weiß aufzunehmen und lösen damit andere Emotionen aus als mit einem Farbbild. Wir sehen verwischte Bewegungen, fangen sie mit hoher Verschlusszeit ein, die es uns erlaubt, einen Moment einzufrieren und staunen dann über ein Bild, das wir so nie sahen.

Genauso ist es mit der Luftfotografie. Aus dem einmalig bevorzugten Blickwinkel eines Vogels nimmt die Linse Dinge auf, die dem bloßen Auge vom Inhalt her vertraut sein mögen, nicht jedoch aus dieser Perspektive. Mit den Möglichkeiten unterschiedlicher Brennweiten fangen wir Bilder ein, die nur vage denen gleichen, die wir mit unserem natürlichen Sehvermögen aus Tausenden von Metern Entfernung wahrnehmen können.

Aber die Fotografie aus der Luft vermag noch mehr. Sie erreicht das Unerreichbare und hält es fest. Der Gegenstand eines Luftbilds ist oft Terrain, das mit anderen Mitteln nicht erreicht werden kann: Deltas, die zu sumpfig sind, um befahren zu werden, Wüstenregionen, die zu abgelegen sind, um sie zu durchqueren. Ich wage zu behaupten, dass Sie auf diesen Bildern einige Flecken unseres Planeten sehen werden, die noch nie Gegenstand eines vom Boden aufgenommenen Fotos waren.

Die Bilder in diesem Buch sind dazu gedacht, Ihre Phantasie anzuregen. In der Luftfotografie herrscht das Gegenteil der *„Big-Five"*-Mentalität. Es geht in ihr nicht darum, eine Liste mit den wilden Tieren Afrikas – Nashorn-Elefant-Büffel-Leopard-Löwe – abzuhaken, die es unbedingt zu sehen gilt. In der Luft sehen wir oft Dinge, die wir nie erwartet hätten. Genauso oft lassen wir Bilder hinter uns, von denen wir dachten, sie seien unabkömmlich. Bestimmte Aufnahmen in diesem Buch mögen Reaktionen auslösen wie «Was sagt dieses Bild über Afrika?» oder sogar «Was ist das?» Indem wir uns von der Begrenzung des Bodens lösen, hilft uns die Luftfotografie auch dabei, die Gewohnheiten unseres Sehens aufzulösen.

Wir Menschen leiden als Art unter der verdrehten Vorstellung, ein Großteil der Erdoberfläche stehe unter unserer Kontrolle. Luftfotografie lehrt uns, dass riesige Bereiche unseres Planeten von menschlicher Hand völlig unberührt bleiben. Sie entlarvt unseren Menschen-zentrierten Blick auf die Welt und unsere übertriebene Vorstellung davon, wo unser Platz im Plan der Erde ist. Wir bekommen den unmissverständlichen Eindruck, dass die größte Macht der Menschheit nicht darin liegt, die Natur zu beherrschen, sondern in unserer Fähigkeit, ein fein ausbalanciertes Eden aus dem Gleichgewicht zu bringen.

Es gibt noch eine weitere Seite der Luftfotografie: der ausgeprägt großzügige Blick auf das, was unten liegt. Große Umweltzerstörungen mögen von oben sichtbar sein, aber alle menschlichen Makel wie Krankheit, Rassismus, Unruhen oder Drogenmissbrauch sind für die Kamera aus der Luft unsichtbar. In diesem Sinn zeigt das Luftbild die bessere Seite der Menschheit – ein Schimmer dessen, was vorher war und was in Zukunft möglich sein könnte. Es ist ein Porträt unseres Zuhauses, gesehen mit den Augen der Götter.

Oryx-Antilopen (Gems- oder Spießbock) im Licht des späten Nachmittags. **NAMIB, NAMIBIA**

 | *Auslegerboote an einem Korallenriff.* INDISCHER OZEAN, KÜSTE VON KENIA

 | *Küstenlinie des sodahaltigen* MAGADISEES, KENIA

 | *Dicht aneinander gedrängte Pelikane.* CHOBE, CAPRIVI-ZIPFEL, NAMIBIA

 | *Eine Elefantenkuh mit zwei Jungtieren kreuzt andere Trampelpfade.* OKAWANGO-DELTA, BOTSWANA

 | *Kette aus Fischreusen.* **KOSI BAY, KWAZULU-NATAL, SÜDAFRIKA**

 | *Pirogen in Reih und Glied an der Küste.* DAKAR, SENEGAL

 | *Flusspferde zwischen der dichten Flora des Deltas.* BOTSWANA

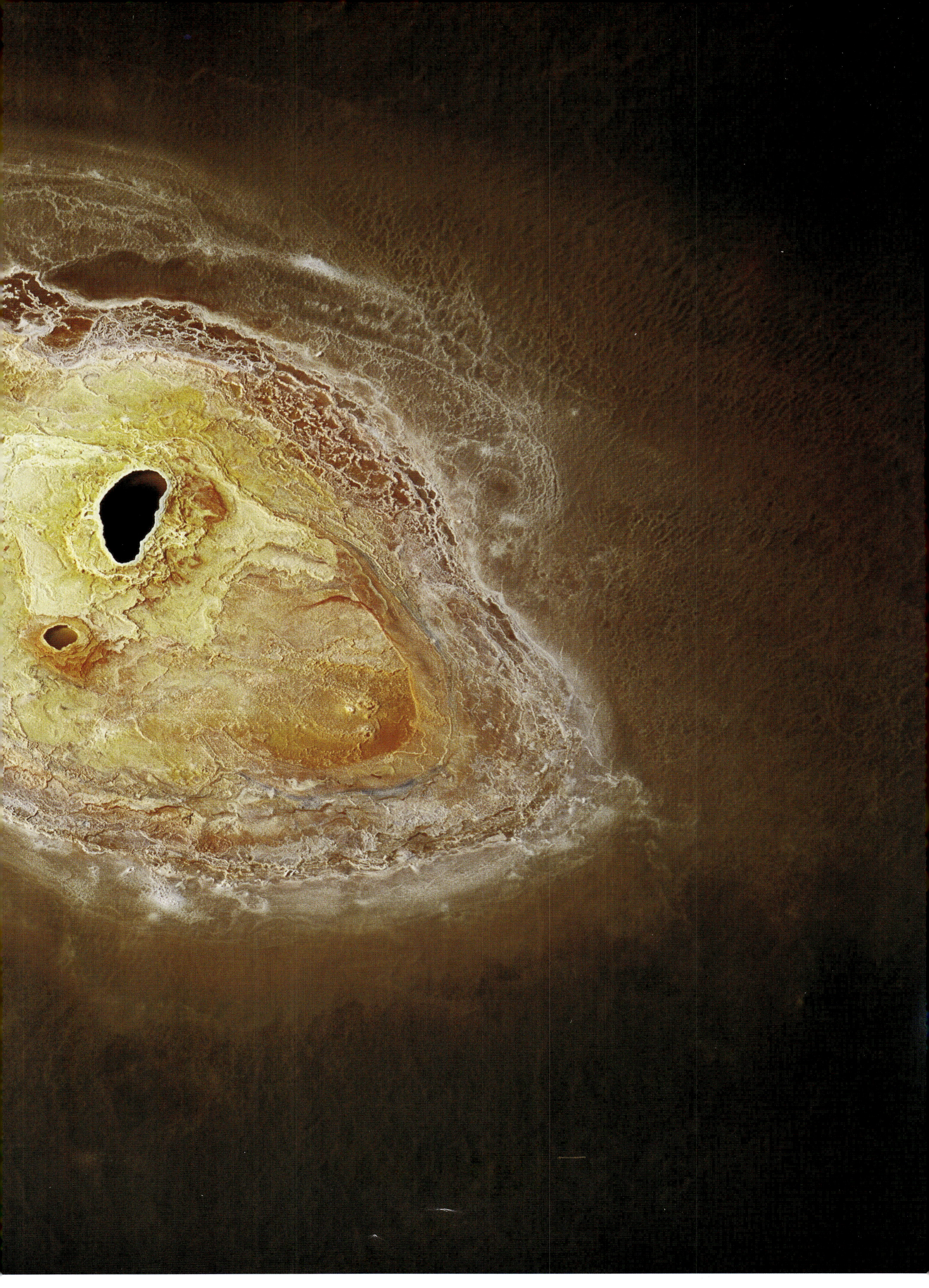

Afrika war immer ein großer Lehrer. Wie andere vollendete Berater verkündet es seine Lehren nicht von oben herab. Es lässt sie einfach nach und nach durch unsere Poren einsickern,

damit wir uns durch die Einbeziehung neuer Elemente weiterentwickeln, wie ein Trupp von Flamingos, der sich auf einem See sammelt. Mit einem Mal ordnet der Trupp seine gewählte Form neu und nimmt eine klare Formation an, ein Muster, dass scheinbar zufällige Elemente zu einer exakten Blaupause zusammenfügt. Die Blaupause war schon immer da, brauchte aber genügend Zeit, um zu entstehen und für das bloße Auge sichtbar zu werden.

Genauso ist es mit meiner Liebe zur rohen Wildheit Afrikas. Ich verliebte mich in meiner allerersten Nacht auf einer Safari in Kenia, im Sommer 1994. Es war die pure Vernarrtheit im allerursprünglichsten Sinn – vernünftig nur, wenn man sie vom Blickpunkt des Menschen berücksichtigt, der völlig hingerissen ist. Mit der Zeit wurde diese Liebe reifer und blieb trotzdem frisch. Sie hat keine natürlichen Feinde, die Zeit kann ihre Schönheit nicht zerstören, weder kann Konfrontation ihre Stärke schwächen noch Eifersucht ihre Grundlage erschüttern.

Aber jede Liebe, die überleben soll, muss auf etwas basieren, das dauerhafter ist als das Auf- und Abebben der Hormone. Sie braucht einen roten Faden, der das Auf und Ab zusammenhält. Im Fall meiner Liebe zu Afrika kristallisierte sich dieser Faden in einer Lehrzeit heraus, die ich über mehrere Jahre absolvierte. Die Dinge, die uns im Leben am wichtigsten sind, können wir am besten im Vergleich zu ihrem genauen Gegenteil würdigen. Kontraste verleihen dem, was wir schätzen, Bedeutung. Afrikas Wildheit erscheint als gesegnete Atempause von dem hektischen Treiben der Wall Street. Die samthäutige Unsterblichkeit der Jugend ist umwerfend neben einer alten Frau, die ihren Korbstuhl mit arthritischen Fingerknöcheln umklammert.

Afrika ist auf einmalige Art und Weise dazu in der Lage, diese Weisheit mitzuteilen. Es ist ein Land starker Widersprüche. Seine unvergleichliche Schönheit steht in scharfem Gegensatz zu seinen schrecklichen Makeln, seine zeitlose Wildheit zur zerstörerischen Unruhe in seinen Städten.

Dies ist das Geschenk, das Afrika gemacht hat, die Essenz seiner Lektionen. Es ist ein Geschenk, das über die Grenzen Afrikas hinausreicht. Ein Schatz von unschätzbarem Wert, den man ohne Zollgebühren mit nach Hause nehmen darf. Es hat eine ganz eigene Stimme, eine Sprache voller Widersprüche, die von allen verstanden wird.

 | *Tiefe Schluchten in der Wüste.* SOSSUSVLEI, NAMIBIA

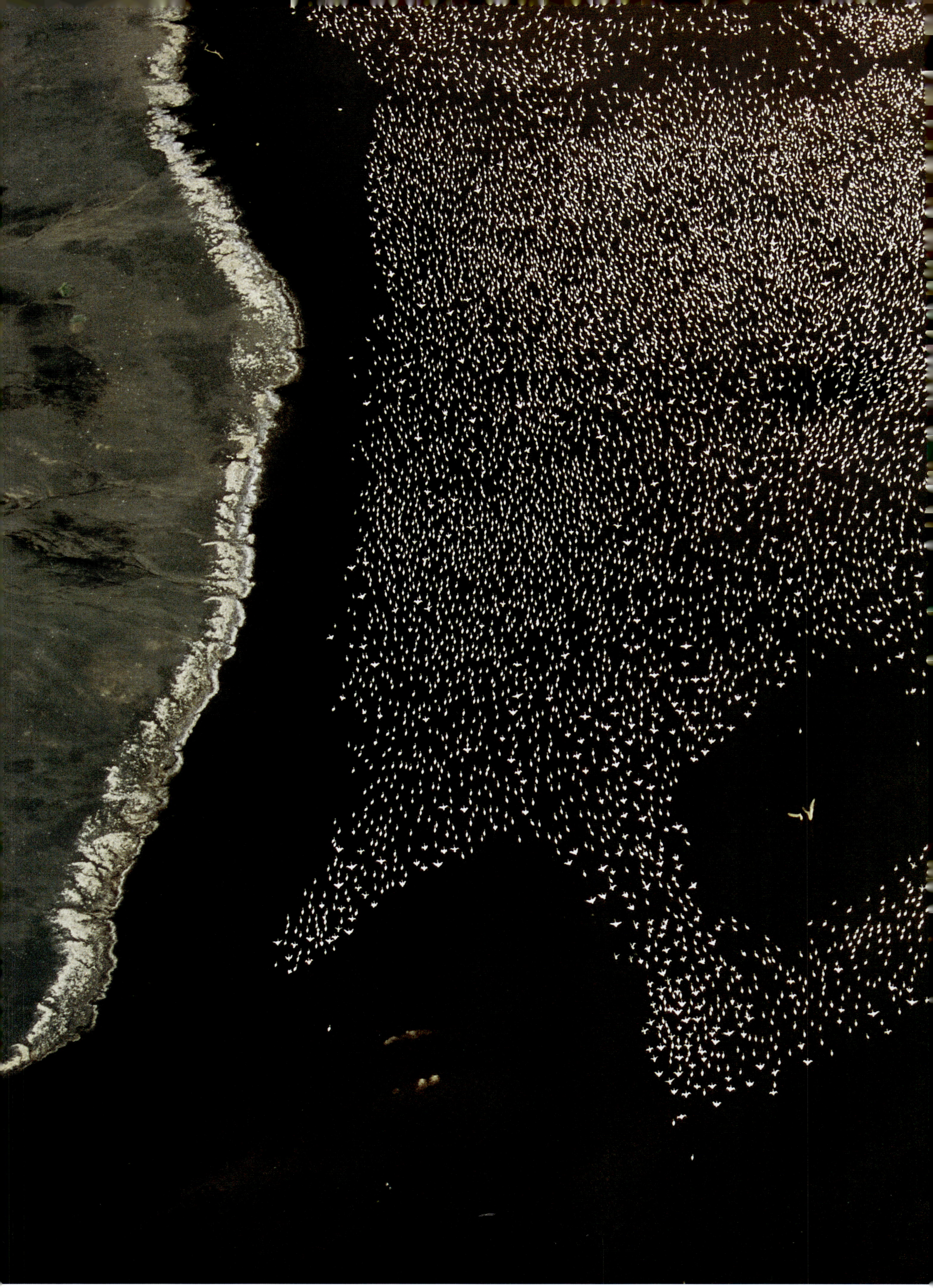

 | *Ein einzelner Pelikan, umgeben von unzähligen Flamingos.* BOGORIASEE, KENIA

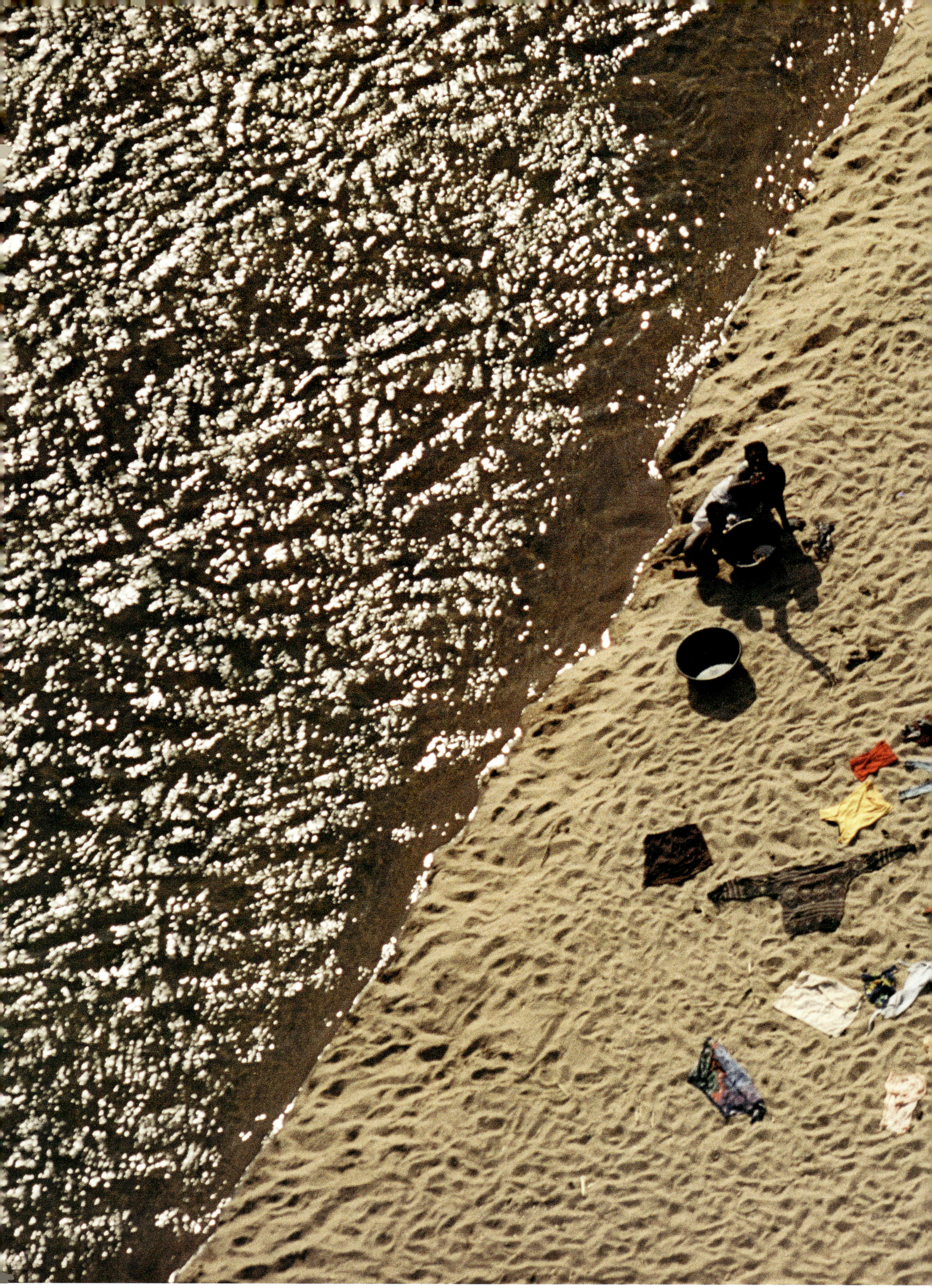

 | *Frau mit Kind beim Wäschewaschen.* PONGOLA, SÜDAFRIKA

 | *Färbergruben*. SALOUM-DELTA, SENEGAL

 | *Formationen im Delta.* XIGERA-LAGUNE, BOTSWANA

 | *Sandbänke und Untiefen.* USUTU, AN DER GRENZE VON MOSAMBIK UND SÜDAFRIKA

 | *Ein Berg spiegelt sich im Wasser des* MAGADISEES, KENIA

 | *Lechwe-Antilopenherde.* OKAWANGO-DELTA, BOTSWANA

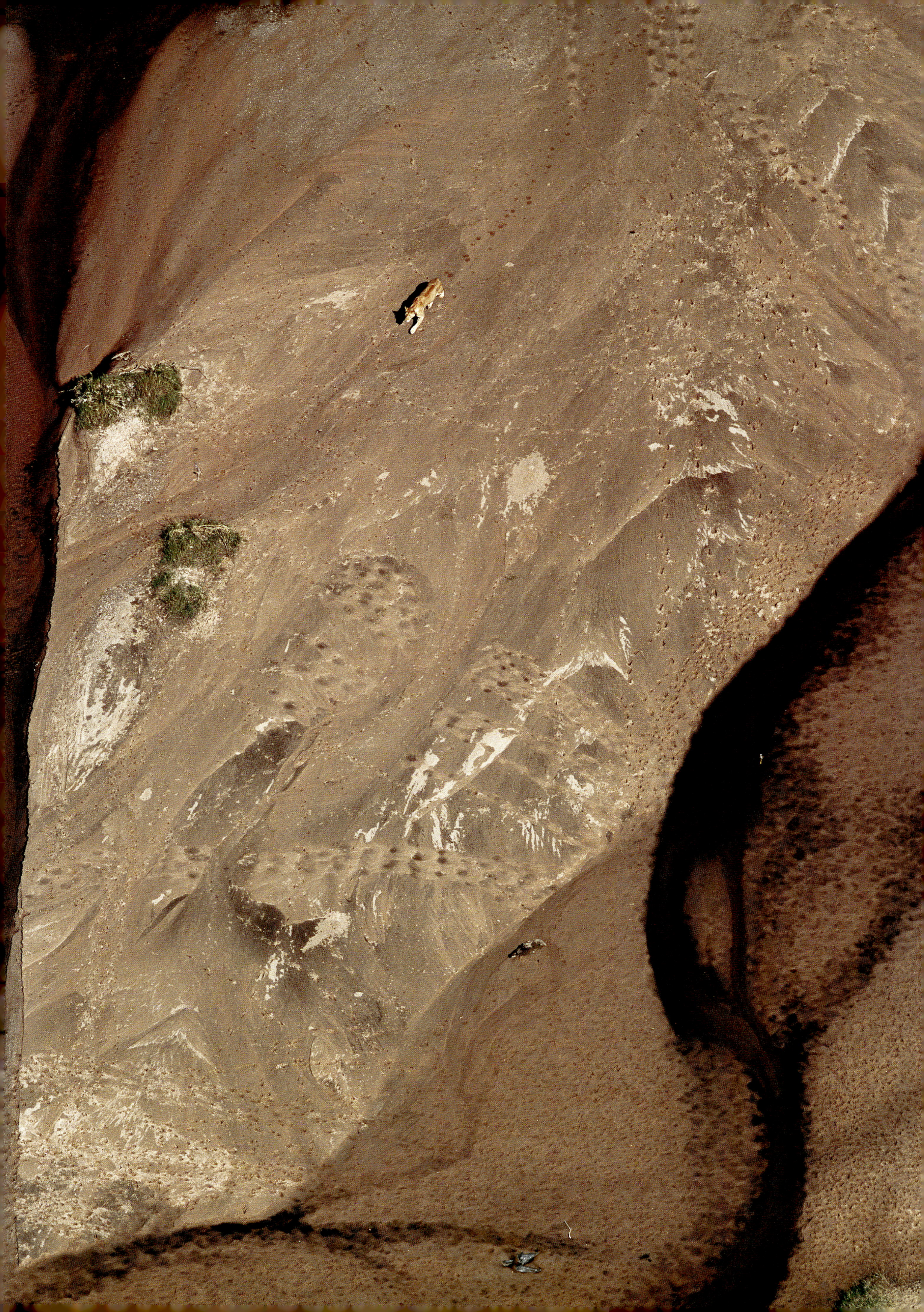

Das bei weitem packendste Thema der Wildlife-Fotografie ist die Jagd, diese faszinierende Interaktion zwischen Jäger und Gejagtem, bei der sich Dramen um Leben und Tod abspielen,

Tag für Tag, tausendfach. Ironischerweise ist der tatsächliche Akt des Beutemachens aus der Luft kaum jemals zu sehen. Bilder von diesem Überlebenskampf, bei dem der Gewinner alles bekommt, sind für Luftfotografen eine Seltenheit. Die faszinierende Anmut eines Leoparden, der bis zu dem Moment, in dem er aus dem Hinterhalt angreift, verborgen bleibt, ist auch für die Kamera in der Luft versteckt. Die Schönheit eines Geparden, der eine Impala mit halsbrecherischer Geschwindigkeit jagt, ist ein Bild, das der Kamera auf der Erde gehört.

Nur sehr wenige Begegnungen zwischen Jäger und Beute sind besser für die Fotografie aus der Luft als für die am Boden geeignet. Doch es gibt eine Ausnahme, die für die Perspektive von oben wie maßgeschneidert scheint: das einzigartige Menuett aus Treiben und Zustoßen, das von einem jagenden Löwenrudel und einer Büffelherde aufgeführt wird. Nur von oben können wir die genauen Umrisse der Herde wahrnehmen, die Tatsache, dass diese Gemeinschaft von Rindern einen Anfang und ein Ende hat, seine ausgeprägte Form, bei der die Tiere am Rand der Herde den größten Risiken ausgesetzt, die Individuen im Innern der Herde dagegen vor Gefahr geschützt sind. Nur aus der Luft sehen wir, dass der äußere Rand der Herde nach innen schwenkt, wenn die Löwen sich nähern – als wären die beiden Tiergruppen gleichnamige Magnetpole, die sich gegenseitig abstoßen.

Es ist ein Ballett, dass sich in hohem Tempo abspielt, in dem Strophen mit gemächlichen Schritten von Phasen ansteigender Aktivität unterbrochen sind und von zufälligen epischen Bildern einer rasenden Herde, die durch stiebende Staubwolken rennt. In diesem außerordentlich strategischen Kampf sind die Protagonisten genau aufeinander abgestimmt. Jede Seite kann tödliche Wunden davontragen: die eine durch Klauen und Kiefer, die andere durch Hufe und Hörner. Als einer der seltenen „fairen Kämpfe" in der Arena der Savanne ist er ganz und gar majestätisch und vornehm.

Auf emotionaler Ebene ist dieses Schwergewichtsdrama so dynamisch und bedeutungsschwer durch die Gewissheit des Todes. Allein die Tatsache, Zeuge zu sein, ist ein seltenes Privileg. Dieses Drama braucht kein Publikum. Die Spieler sind völlig von der Herausforderung in Anspruch genommen, für ein weiteres Engagement zur Verfügung zu stehen. Die Rollen werden von Generation zu Generation weitergegeben wie die Kunstfertigkeit bei Handwerkern, doch das Drehbuch wechselt jeden Tag und jede Nacht. Keiner der Schauspieler liest jemals eine Kritik, um zu erfahren, wie gut er gespielt hat. Bekommt er morgen einen weiteren Auftritt, war es gut genug.

Löwin auf der Pirsch. SAND RIVER, MASSAI-MARA-WILDRESERVAT, KENIA

 | *Eine Löwin greift einen Büffel am Rand seiner Herde an.* OKAWANGO-DELTA, BOTSWANA

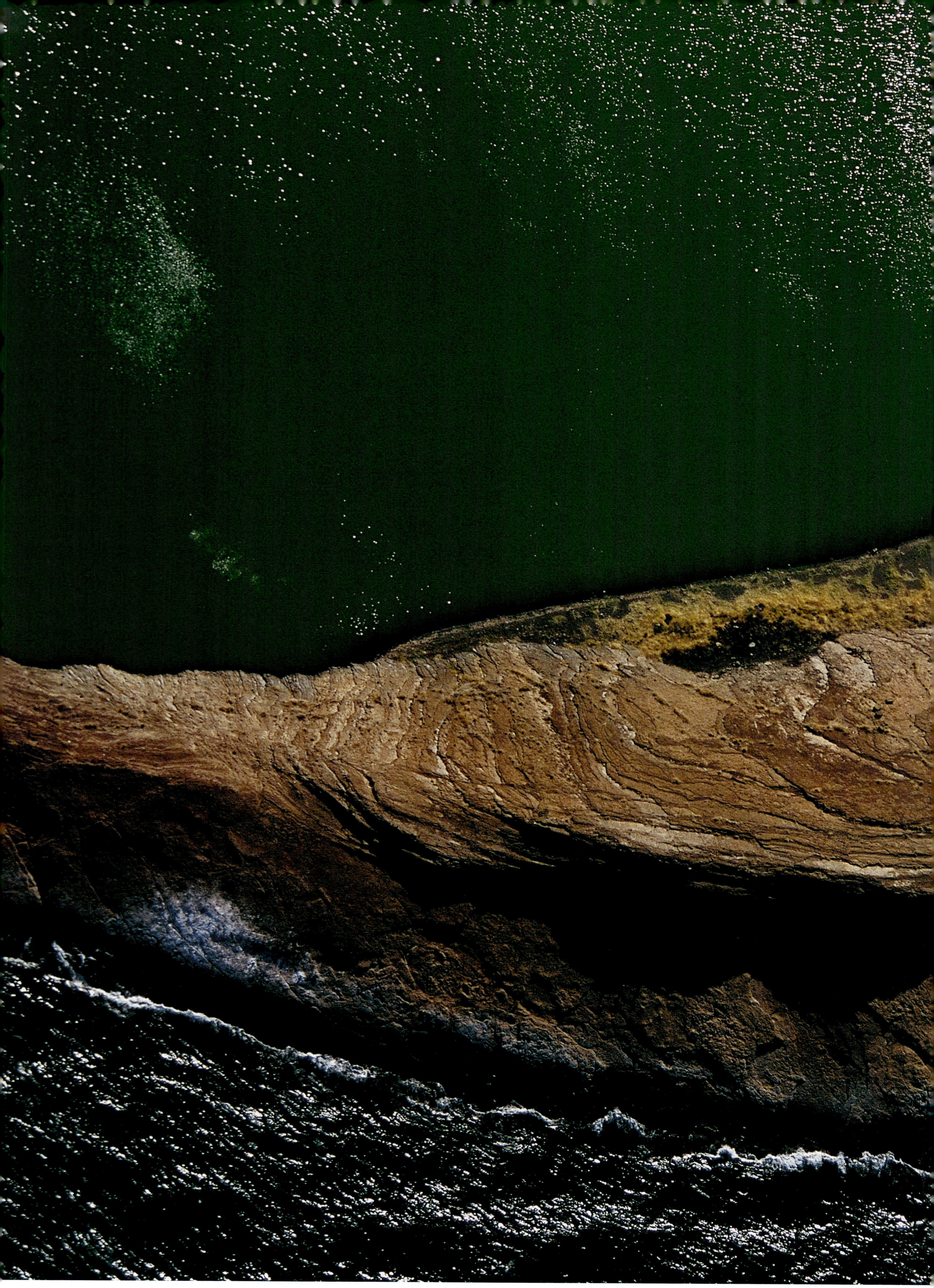

 | *Rand einer Vulkancaldera.* TURKANASEE, KENIA

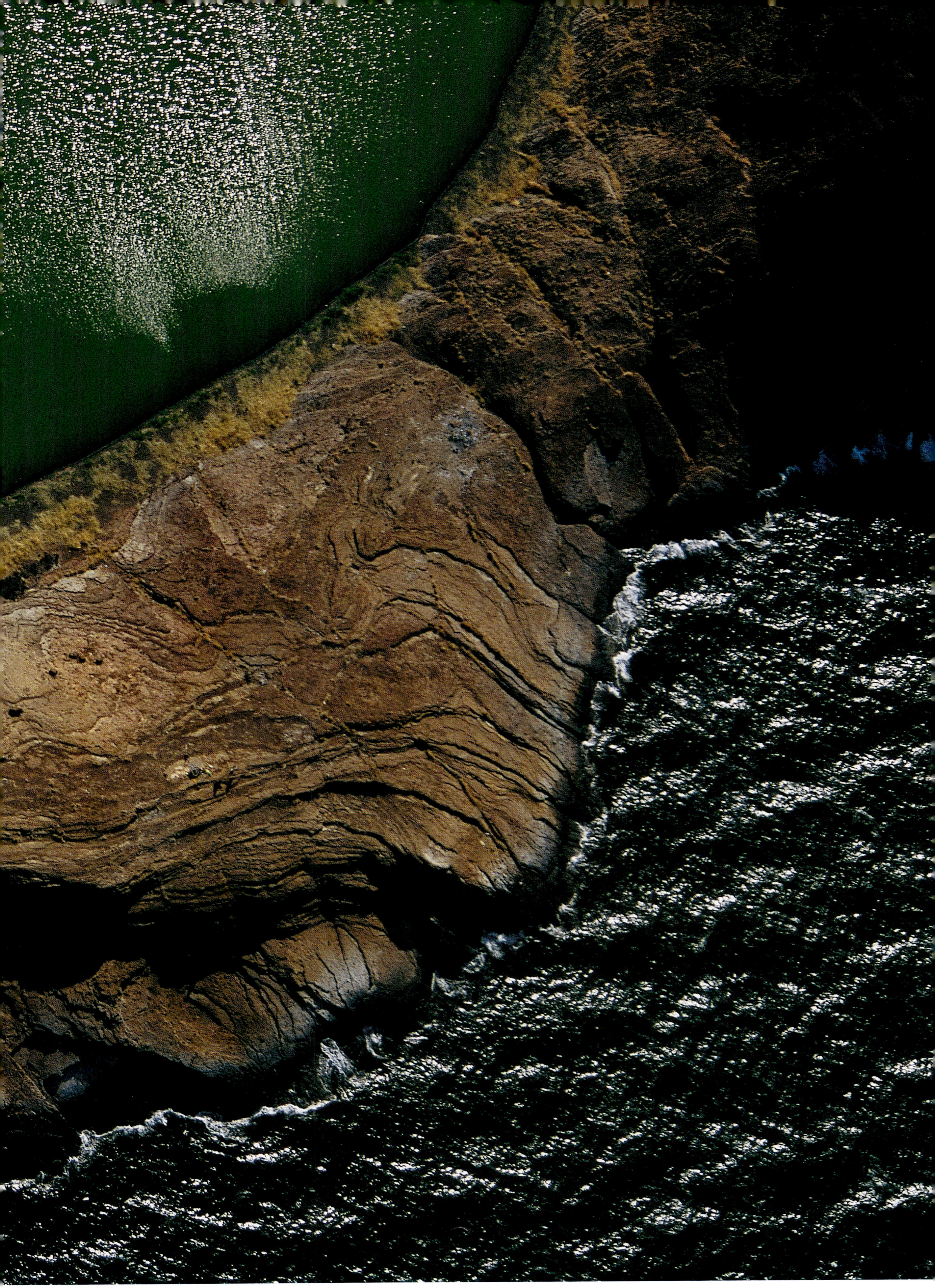

 | *Ein Südlicher Glattwal mit Kalb taucht nahe der Küste auf.* SÜDAFRIKA

 | *Umriss eines Korallenriffs unter der Wasseroberfläche.* INDISCHER OZEAN, KÜSTE VON KENIA

 | *Elefanten im Okawango-Delta nahe* CHIEF'S ISLAND, BOTSWANA

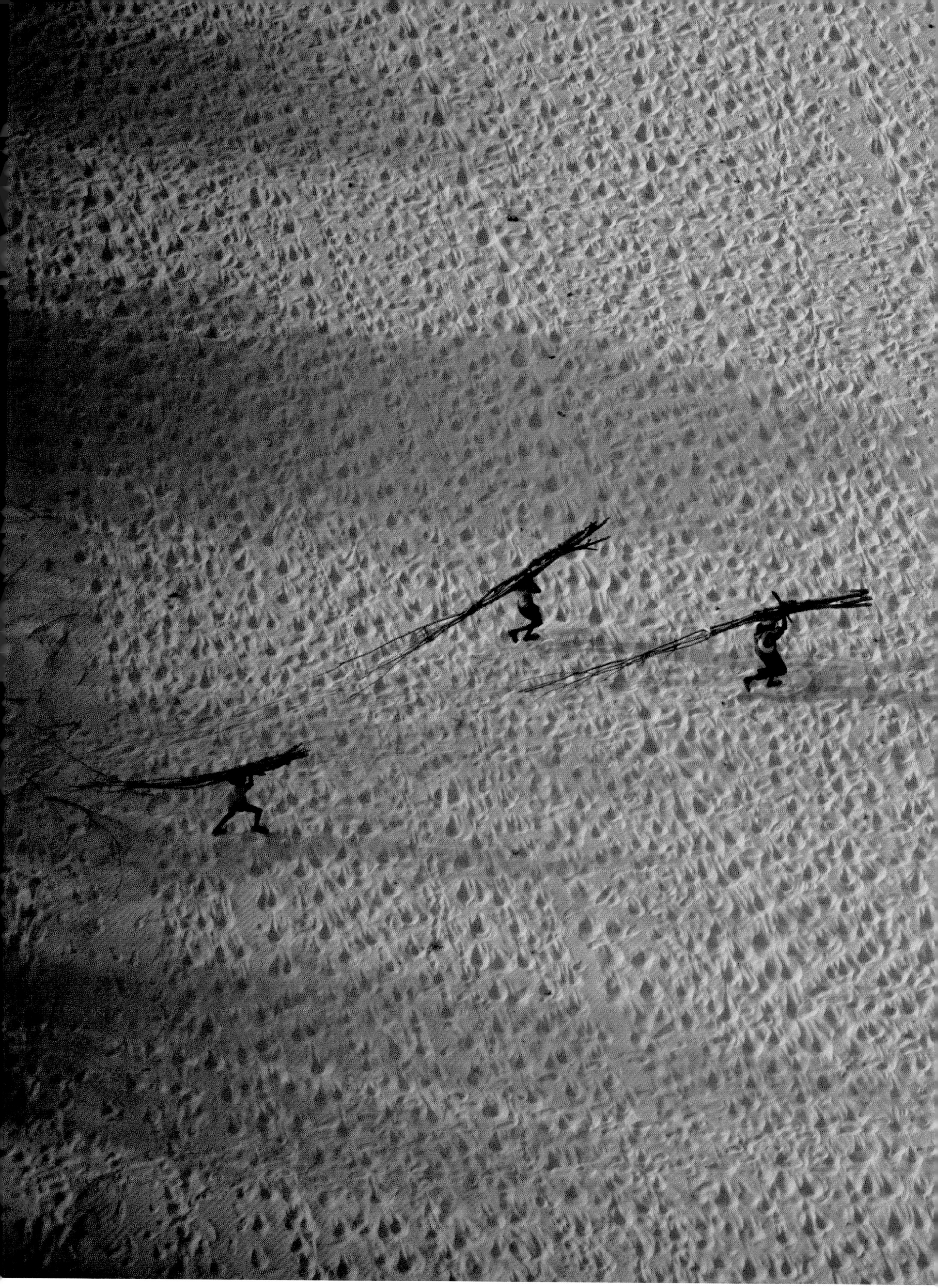

 | *Arbeiter tragen lange Äste über eine Sandbank.* GRANDE CÔTE, SENEGAL

 | *Ein Marabu über dem* CHAMOSEE, ÄTHIOPIEN

 | *Ein Flusspferd mit jungem Kalb durchquert einen Seitenarm.* OKAWANGO-DELTA, BOTSWANA

Die Jagd nach Perfektion ist ein gefährliches Spiel. Es wird auf einem Feld mit unzähligen Ablenkungen gespielt und führt bisweilen in Sackgassen.

Die beharrliche Suche nach Perfektion – in uns selbst und in anderen – setzt einen Standard, der einem zu engen Nadelöhr gleicht. Der grobe Faden der menschlichen Natur scheuert an der kleinen Öffnung und passt einfach nicht hindurch. Doch vielleicht ist die Jagd letztlich nur ein harmloser Weg, um die Latte höher zu legen und auf ein Niveau zu gelangen, das wir sonst nicht erreichen würden.

Wer lernen alle früh genug, dass der Spielplatz unseres Lebens kein gleichmäßiges Rechteck ist. Die Spielregeln sind selten klar, geschweige denn fair. Vielleicht ist das einer der Gründe dafür, warum sich der Künstler der Kunst zuwendet: auf der Suche nach einer weißen Leinwand, die einen ganz neuen Start ermöglicht, eine viereckige Welt, in der Perfektion noch ein würdiges Ziel ist.

Der Anblick der Erde aus der Luft bietet solch eine frische Leinwand. In dieser ziemlich engen Nische der fotografischen Welt schaffen wir neumodische Versionen von sehr alten Gegenständen. Aus gottgleichen Höhen gelingt es uns manchmal sogar, dicke Wolken auszutricksen, indem wir schmale Lichtlöcher erhaschen, die es unserer Kamera erlauben, ihre Arbeit zu verrichten.

Es ist ein leeres Spielfeld, das Reich der Luftfotografie. Seine Regeln sind noch nicht von den Meistern vergangener Jahrhunderte in Stein gemeißelt. Die Welt lädt Künstler ein, ihre Arbeit in neu errichteten Museen zu präsentieren, deren Hallen noch leer sind – noch nicht bis zum Rand gefüllt mit bekannten Meisterwerken, die festlegen, was Perfektion überhaupt ist.

Die hingebungsvollsten Künstler auf jedem Gebiet widmen sich der Suche nach Perfektion. Diejenigen, die diesem erlesenen Ziel nachjagen, tun dies mit dem vollen Wissen, dass ihr Streben nie ein Ende haben wird … aber die Reise wird niemals sinnlos sein. Die Suche hat kein logisches Ergebnis, es zählt nur der Reiz, am Spiel teilgenommen zu haben.

 | *Flussarme bei Ebbe.* SAINT-LOUIS, SENEGAL

 | *Salzhaufen am von Booten gesäumten Ufer des* LAKE RETBA, SENEGAL

 | *Hoch mit Salz beladenes Boot.* LAKE RETBA, SENEGAL

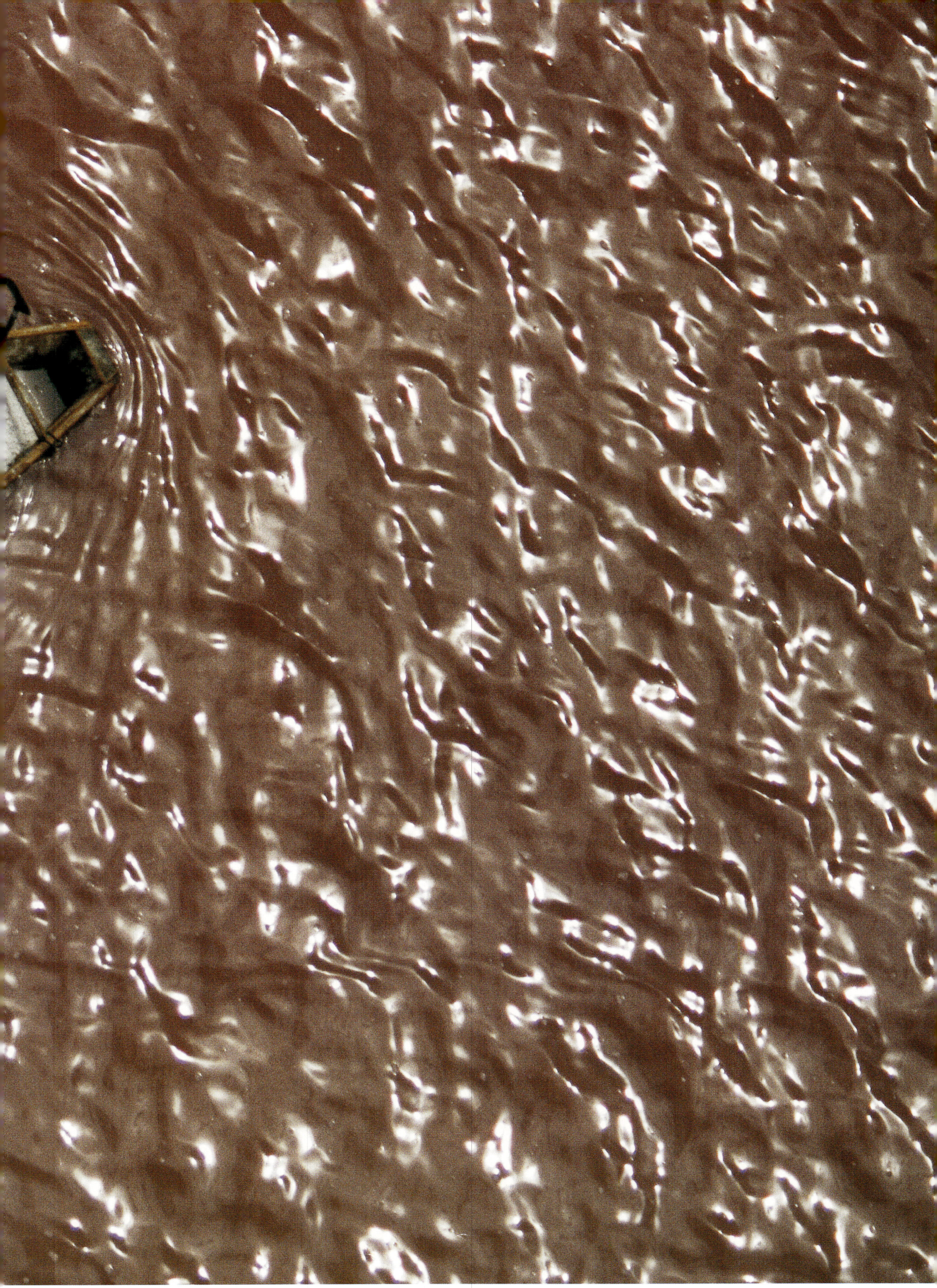

 | *Pfade im von Pflanzen überwucherten Wasser einer Lagune.* OKAWANGO-DELTA, BOTSWANA

 | *Zebras preschen durchs flache Wasser.* **BOTSWANA**

 | *Viele Trampelpfade führen zu der kleinen Wasserstelle.* KALAHARI, BOTSWANA

Von oben entdecken wir die Pfade, die natürlichen Adern, die Afrika verbinden und so gar nicht den dicken schwarzen Linien ähneln, die es auf der Landkarte zerteilen.

Wir staunen über das komplexe Netz von Pfaden durch das hohe Gras der Savanne, das den Elefanten ein von der Zeit gewobenes Netzwerk zur Verfügung stellt – ein Muster, das sich nur aus der Perspektive des Himmels offenbart. Hoch oben sind wir überrascht zu lernen, dass Flusspferde nicht aufs Geratewohl durch einen Fluss schwimmen, sondern meist entlang bestimmter Linien, die unter Wasser liegen und nur aus der Vogelperspektive zu erkennen sind.

Wir folgen der ausgeprägten Form der Serpentinen, die von Flüssen ausgeschürft wurden und von einem Land zum nächsten führen, ohne von Grenzwächtern behindert zu werden. Wir entdecken sogar, dass jeder Büffel, der im Schilf im Wasser grast, seinen ganz eigenen künstlerischen Wirbel im Kielwasser hinterlässt, eine Erinnerung an den Weg, den er gerade genommen hat.

Die Pfade haben eine klare Nachricht für uns: Hinterlasst ein paar Fußspuren, ein Zeichen auf dem Land, das ihr betretet. Hinterlasst im Geist der anderen Eindrücke, dass ihr hier wart. Nur für den Fall, dass ihr irgendwann wiederkommt – und für den Fall, dass ihr nicht zurückkehrt.

Kuhreiher auf den Rücken von Büffeln. **BOTSWANA**

 | *Abgeerntetes Weizenfeld bei* **KAPSTADT, SÜDAFRIKA**

 | *Lavaformationen.* DANAKILSENKE, ÄTHIOPIEN

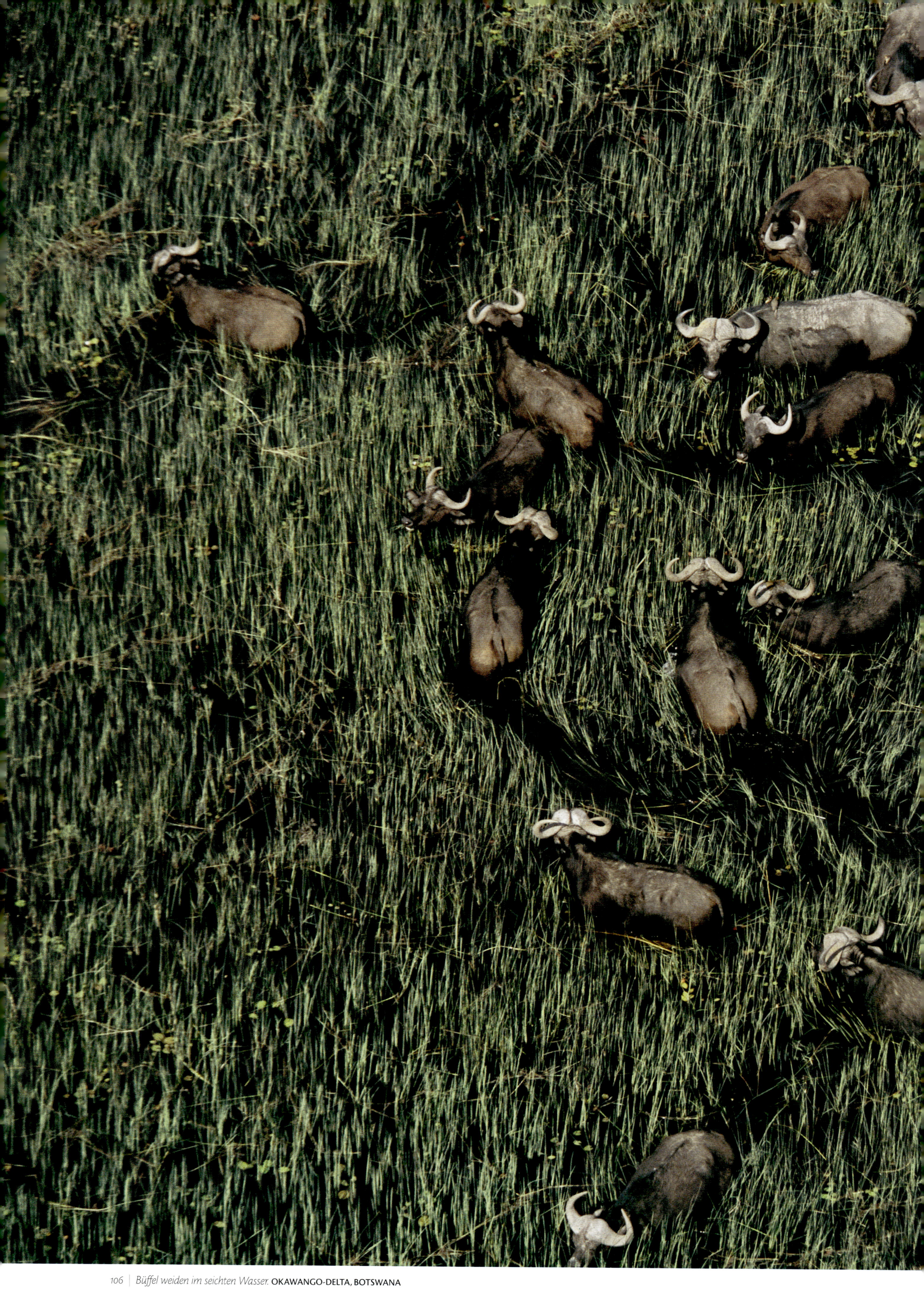

 Büffel weiden im seichten Wasser. OKAWANGO-DELTA, BOTSWANA

 | *Krokodil am Ufer einer Sandbank.* **BOTSWANA**

 | *Krokodil mit den Überresten seiner Beute im Maul.* BOTSWANA

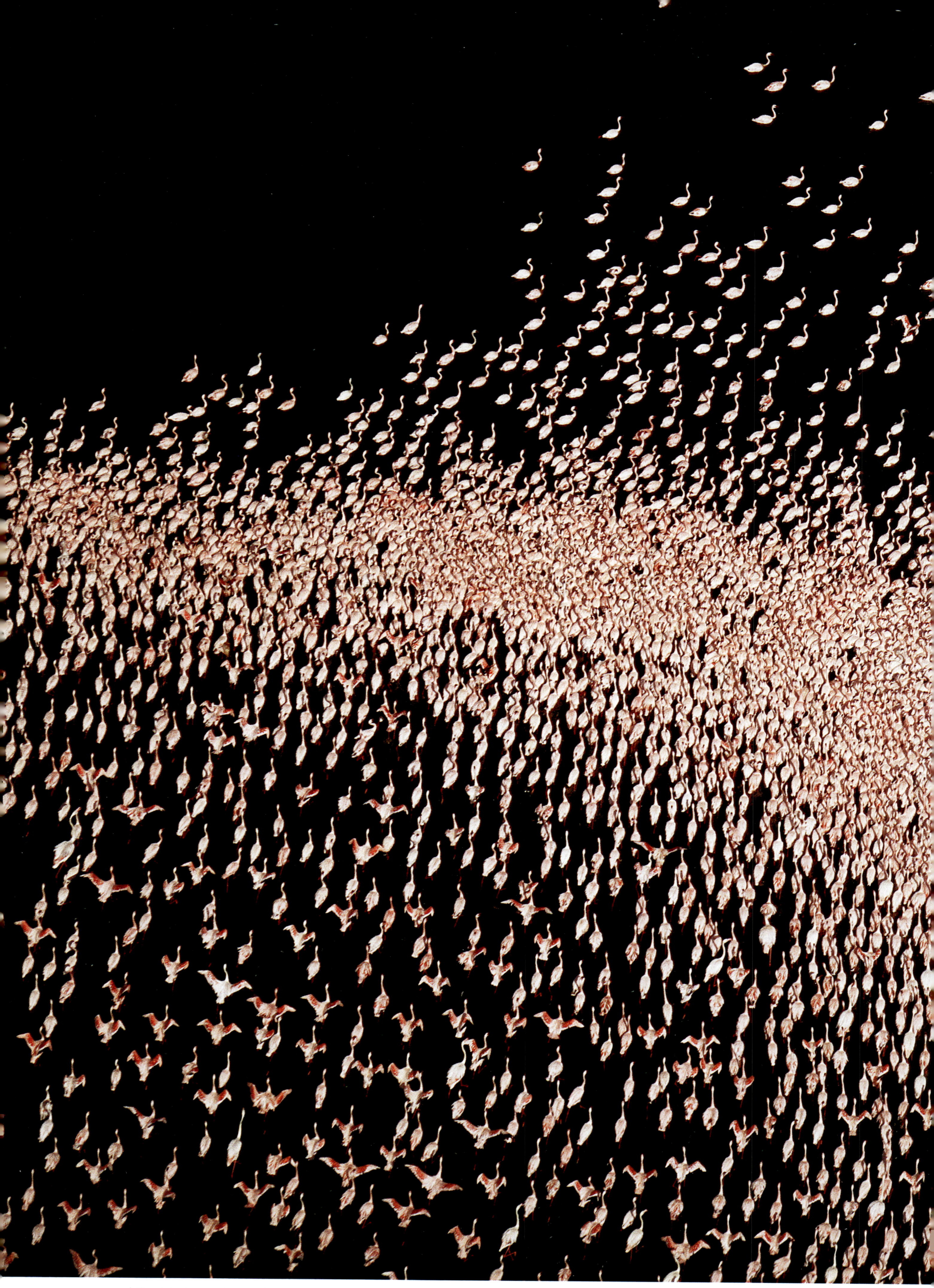

 | *Eine riesige Ansammlung von Flamingos.* BOGORIASEE, KENIA

 | *Schilfbündel auf einer Grasinsel.* SAMBESI, NAMIBIA

Die Wüste ist dazu geschaffen, aus der Luft betrachtet zu werden. Die künstlerische Eleganz ihrer Landschaften, die scharfen Kontraste bei Sonnenuntergang zwischen den roten und schwarzen Seiten einer Düne, von ihrem scharfen Grat in zwei Hälften geschnitten,

die Rippen, die sich wellenförmig über die endlose Sandfläche hinziehen – man sieht sie am besten aus einer Perspektive, die nur die Höhe bietet.

Die Wüste macht einen zum Spezialisten für abstrakte Kunst – entschieden minimalistisch in ihren Elementen aus Sand und Wind und Schatten. Mit dem Wind als Pinsel bringt die Wüste unendliche Variationen von abstrakten Formen und Mustern hervor, zum Teil unglaublich strukturiert, ganz anders als die wahllosen, unförmigen Sandverwehungen, die man erwartet haben mag.

Abstrakte Formen rufen abstrakte Gedanken hervor. Am späten Nachmittag, wenn die Hitze der sinkenden Sonne auf der Oberfläche des Sands flirrt, spricht die Wüste in ihrer Stille. Man kann sich leicht die Erscheinung eines Fremden vorstellen, der sich mühsam über die Dünen schleppt …

Ein jugendlicher Reisender begann mit der Durchquerung der Wüste. Sein lockiges Haar war glänzend und schwarz, sein farbenprächtiger Kaftan wehte in der leichten Brise, sein Mahagonistock war stark und gerade. Nach einigen Kilometern traf er einen alten Fremden, der am Weg saß. «Wo willst du hin, junger Mann?», fragte der Fremde. «Ich durchquere die Wüste auf der Suche nach Ruhm und Reichtum», antwortete der Reisende, und Zuversicht schwang in seiner Stimme.

Nachdem er viele Kilometer zurückgelegt hatte, bemerkte der Reisende, dass seine Haut mit Blasen bedeckt war. Der Stoff seines Gewands franste an den Ecken aus, sein Stab war brüchig geworden und splitterte. Zu seiner großen Überraschung traf der Reisende denselben Fremden wieder, der wie zuvor am Wegrand saß. «Wo willst du hin, mein Freund?», fragte der alte Mann. «Ich bin auf der Suche nach Ruhm und Reichtum», lautete wiederum die Antwort.

Der Reisende setzte seinen langen Marsch durch die Wüste fort. Sein dünn gewordenes Haar färbte sich grau, sein Gewand bestand nur noch aus ein paar Fetzen. Sein Stab war verbogen und zerbrochen in seiner knöchernen Hand. Der Reisende hielt seine Hand über die Augen, die von den gleißenden Strahlen der Sonne geschwollen waren, und bemerkte in der Ferne eine verhüllte Gestalt, die auf ihn zukam. Mit gebeugtem Rücken gelang es ihr nur mit Mühe, ihre Füße über die Dünen zu bewegen. Als sich die beiden einander näherten, richtete sich die gebeugte Gestalt immer mehr auf. Ihr Gang wurde mit jedem Schritt sicherer, bis sie zuletzt den Reisenden mit der Zuversicht der stürmischen Jugend erreichte.

Als sich die beiden gegenüberstanden, hob die Gestalt die Kapuze ihres Gewands und enthüllte das wundervoll glatte und jugendliche Gesicht des Fremden, den der Reisende zuvor zweimal auf dem langen Weg getroffen hatte. Entsetzt über die Verwandlung vor ihm, gelähmt vom Alter, zitterte sein Mund. Der Reisende flehte den Fremden an: «Wo willst du hin, junger Mann? Bist du auf der Suche nach Ruhm und Reichtum?» Der Fremde betrachtete den nunmehr hinfälligen Reisenden und antwortete nach einer Pause: «Nein, mein Freund, ich gehe den anderen Weg.»

Krater und Grat einer Sanddüne. **NAMIB, NAMIBIA**

 | *Ein Flussarm schlängelt sich zwischen Mangroven und Färbergruben.* SALOUM-DELTA, SENEGAL

 | *Oryx-Antilopen werfen lange Schatten am späten Nachmittag* NAMIB, NAMIBIA

 | *Eine kleine Gruppe von Lechwe-Antilopen im Gras der Savanne.* **BOTSWANA**

 | *Sandbänke am Ufer des* SAMBESI, NAMIBIA

Wer sich über die Erde erhebt,
betritt das Atelier der Schattenmaler,
diese Ansammlung von Künstlern, die die Konturen
ihrer Formen als Reliefs auf das Land projizieren.

Einmal ins Atelier eingetreten, ergattert man einen luftigen Fleck, von dem aus phantastische Meisterwerke zu sehen sind.

Das Kunstwerk der Schattenmaler unterliegt gewissen Einschränkungen. In diesem Atelier kann der Künstler sein Handwerk nur mit der Farbe Schwarz bewerkstelligen. Er malt nichts anderes als Selbstporträts, reduziert auf die dunklen Eindrücke seines Selbst. Er braucht die leuchtende Sonne zur Unterstützung seiner Anstrengungen. Selbst Wolken am helllichten Tag verändern noch die feinsten Striche. In den schrägen Strahlen bei Tagesanbruch und im Glühen des Sonnenuntergangs verlieren sich die Schattenmaler in langen, verzerrten Formen und reizen ihre Porträts bis an die Grenzen der abstrakten Kunst aus.

Im Gegensatz zum geflügelten Maler, der über einer flachen Leinwand kreist, bleibt der Schattenmaler immer in Verbindung mit seinem Objekt. Der Fuß des Künstlers berührt buchstäblich sein Schattenwerk. In magischen Momenten versammeln sich ganze Scharen von Schattenmalern an einem Ort und gestalten Gruppenporträts von wahrhaft erstaunlichem Ausmaß.

Es gibt keine Egomanen in den Ateliers, deren Temperamentsausbrüche oder schlechte Manieren das erstaunliche Werk ankratzen. Die Schattenmaler wissen noch nicht einmal, dass sie Meister sind.

Ein Straußentrio unterwegs in der Wüste. **SOSSUSVLEI, NAMIBIA**

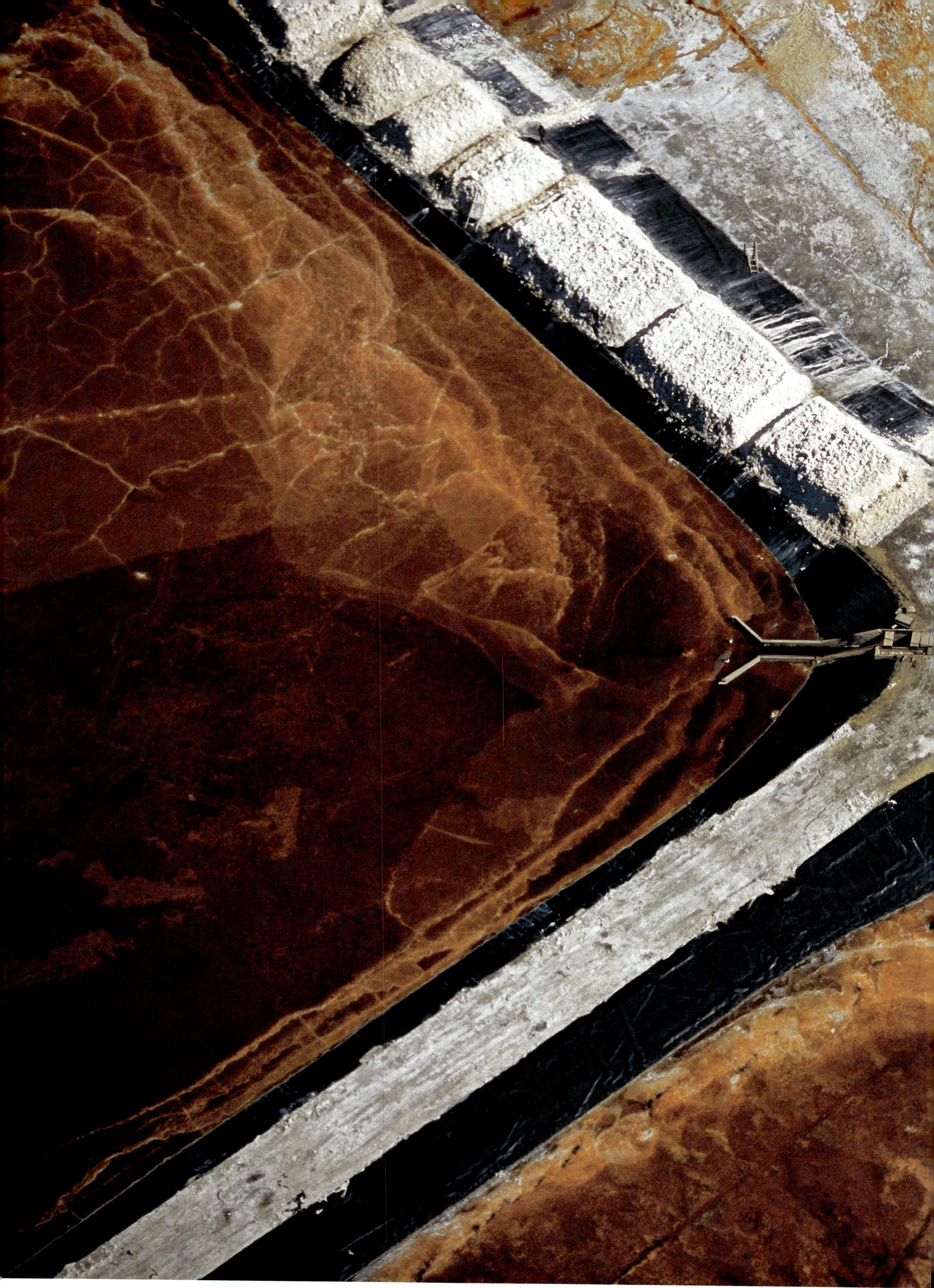

 | *Kali-Werk in der Nähe des* ABIYATASEES, ÄTHIOPIEN

 | *Flussschleife im* OKAWANGO-DELTA, BOTSWANA

 | *Das Muster einer unter Wasser liegenden Sandbank.* SAMBESI, NAMIBIA

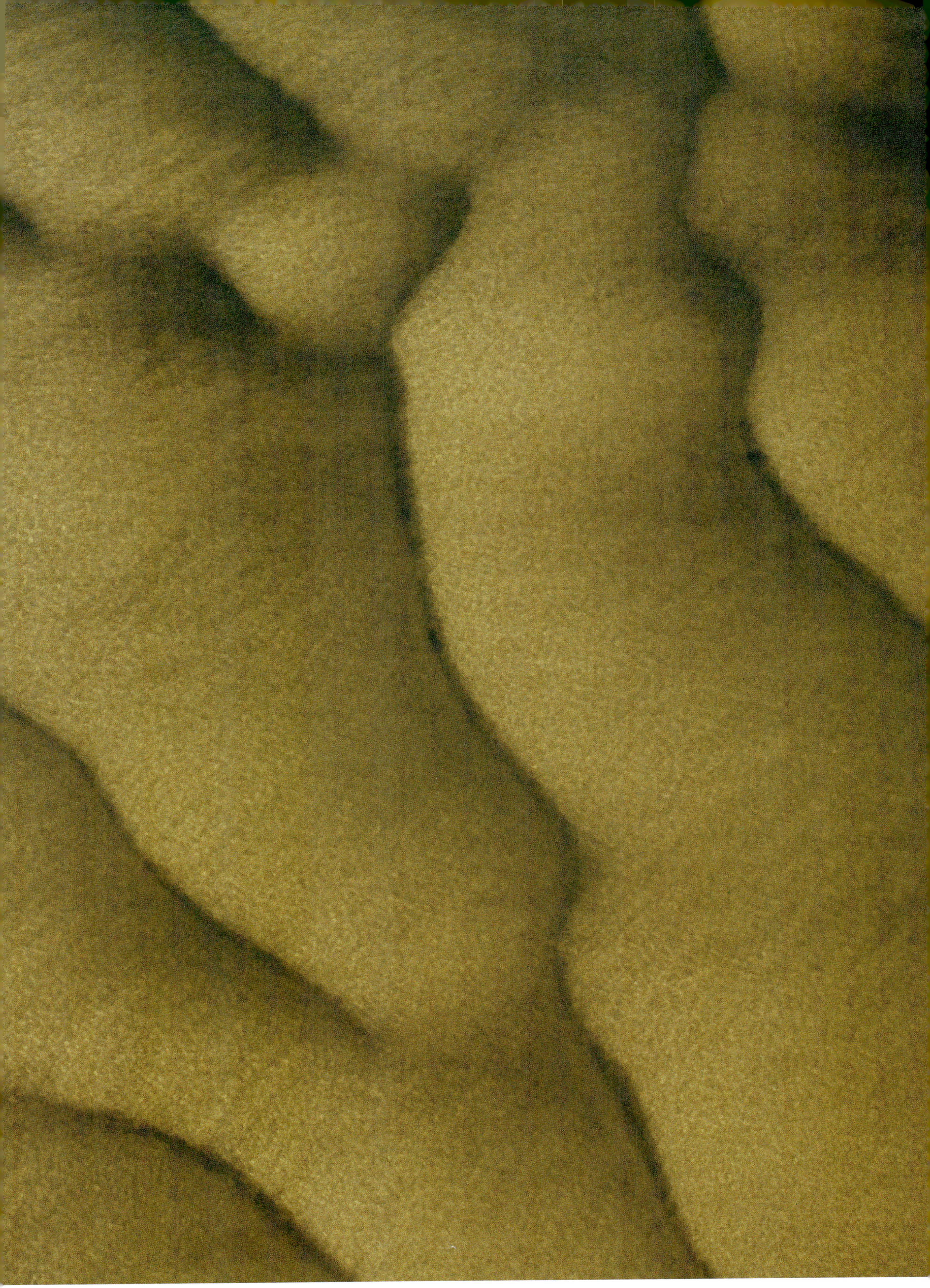

 | *Bündel zum Trocknen ausgelegter Sesampflanzen.* **KENIA**

 | *Lavaströme.* PICO DE TEIDE, TENERIFFA, KANARISCHE INSELN

 | *Terrassierte Berghänge in der Nähe des* PICO DE TEIDE, TENERIFFA, KANARISCHE INSELN

 | *Flamingos im Anflug auf den* NATRONSEE, TANSANIA

 | *Pfirsiche in Trockengestellen in der Nähe von* CALITZDORP, SÜDAFRIKA

Es ist eine altehrwürdige Tradition in afrikanischen Safari-Camps, nachts um das Feuer zu sitzen und (oft übertriebene) Anekdoten über das zu erzählen, was man am Tag gesehen hat.

Ich bevorzuge stattdessen gewöhnlich, ruhig an meinem eigenen Feuer zu sitzen und den wilden Geräuschen zuzuhören, die sich in der Dunkelheit ausbreiten.

Am Rand meines Feuers starre ich in die Flammen, wie ich es von Kindesbeinen an getan habe. Nur starren – so wie ich es stundenlang am Ozean tue und Frieden finde, während ich mich in mich selbst versenke und einen Hauch von Abgeschiedenheit spüre.

Feuer hat diese Wirkung auf mich, genauso wie Wasser. Vor beiden nehme ich dieselbe Haltung an – die Beine ausgestreckt, die Arme um meinen Oberkörper geschlungen, die Augen starr nach vorn gerichtet – in der Erwartung, unterhalten zu werden. Die Unterhaltung bleibt nie aus. Bei einem Ozean oder Fluss ist es eine besänftigende Symphonie von Klängen. An einem Lagerfeuer ist es das flackernde Schauspiel des Lichts. In jeden Fall wiederholt sich die Show endlos und ist doch niemals langweilig.

Ich wundere mich manchmal darüber, warum das Wärmen unserer Füße an einem Lagerfeuer oder das Eintauchen in den majestätischen Anblick eines Ozeans so tief unser innerstes Selbst berührt und einen Frieden hervorruft, den man mit anderen Mitteln nicht oft erreicht. Vielleicht liegt es daran, dass Feuer und Wasser auf eine Art lebendig sind, die außerhalb der Definition des Lebens liegt, und dann wieder so, dass sie sehr wohl zu dieser Definition passt.

Die Wellen des Meers haben einen bestimmten Rhythmus, wie eine Brust, die sich beim Atmen hebt und senkt. Beim Feuer flackert eine Flamme nach der anderen. Sie heben die Arme wie Ballerinas beim Tanz, ohne Choreografie und ungezähmt. Wie wir haben Feuer und Wasser ihre Launen. Sie umfassen die Skala von glasklarer Stille bis zur tobenden See oder von sanftem Glühen bis zu einer rasenden Walze aus Feuer und Hitze.

Vielleicht finden wir in diesen beiden widersprüchlichen Elementen die tiefliegenden Spuren unseres eigenen Menschseins. Feuer – die ursprüngliche Quelle von Wärme und Licht, die unser Sein unterstützt. Wasser – die Quelle allen Lebens und das Element, das wir bei unserer Geburt verlassen. In einem Feuer, das schließlich ausgeht, spüren wir unsere eigene Vergänglichkeit. Und in den wiederkehrenden Wellen des Ozeans fühlen wir die Ewigkeit.

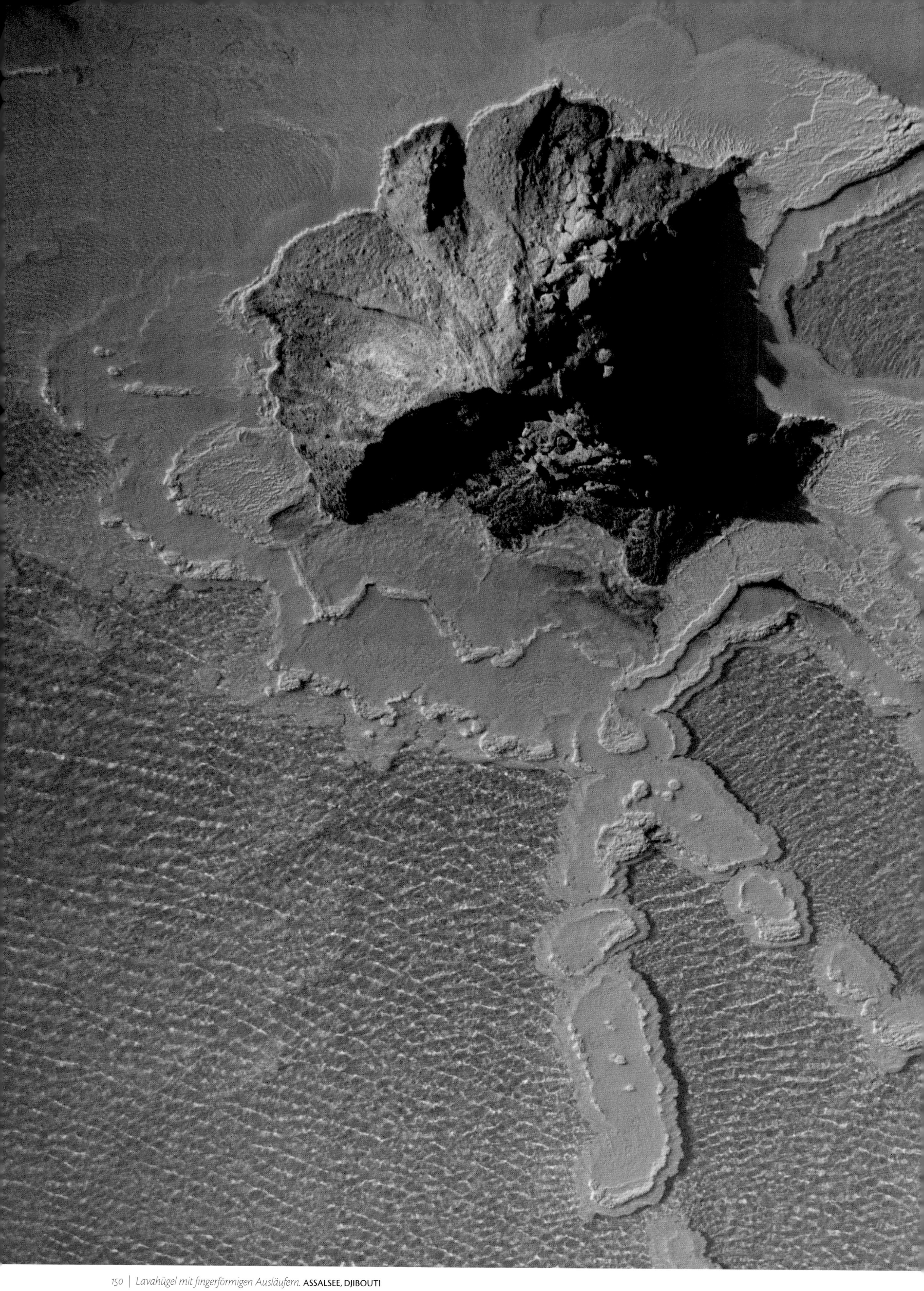

 | *Lavahügel mit fingerförmigen Ausläufern.* ASSALSEE, DJIBOUTI

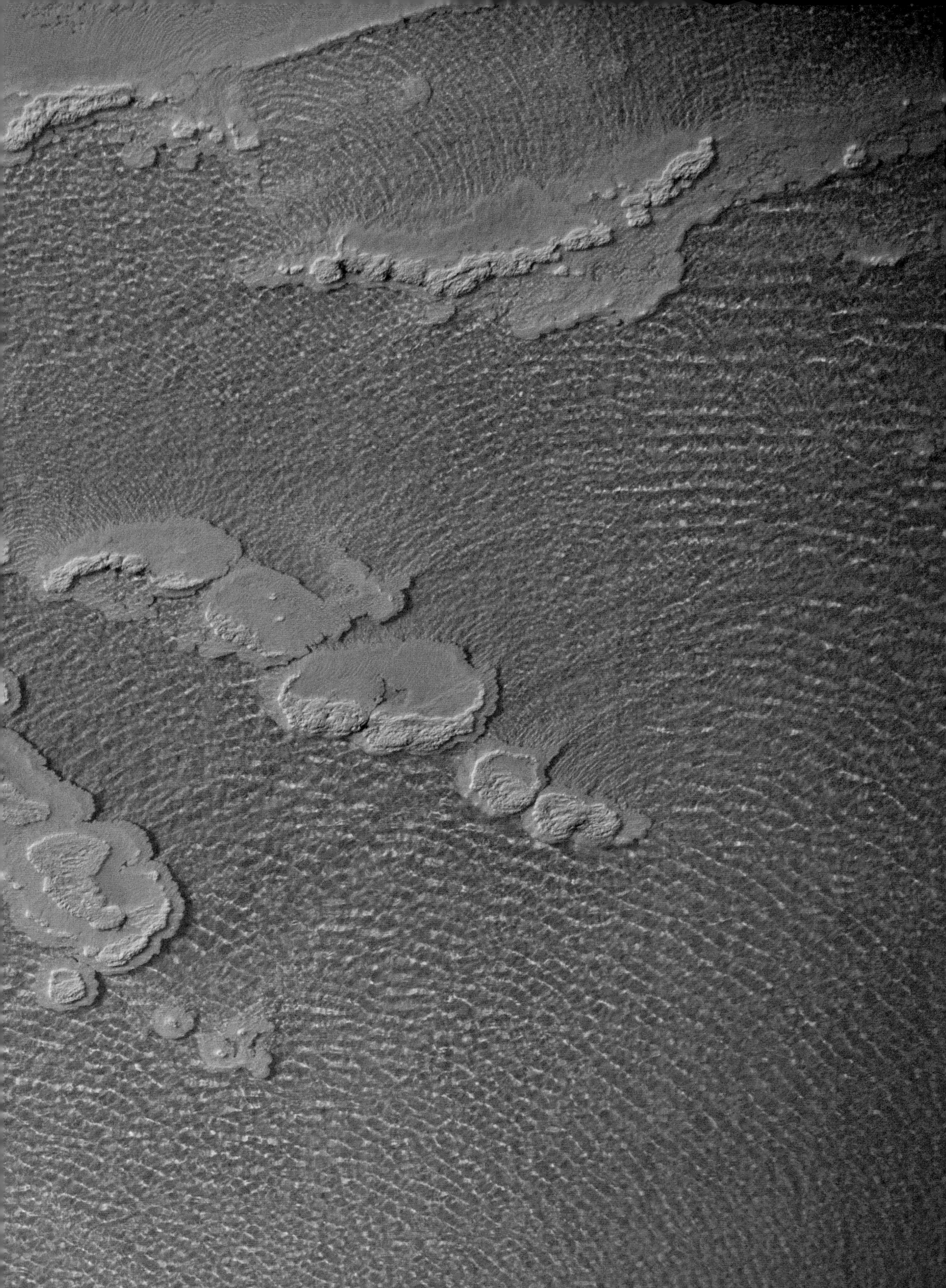

 Sonnenschirme am Strand bei BANJUL, GAMBIA

 | *Sternförmige Muster auf einer Salzebene.* DANAKILSENKE, ÄTHIOPIEN

 Galoppierende Zebras. MAKGADIKGADI -SALZPFANNE, BOTSWANA

 | *Sandbänke im seichten Wasser.* INDISCHER OZEAN, KÜSTE VON KENIA

 | *Einzelner Vogel über einem Korallenriff* LAMU-INSELN, KENIA

Jetzt sollte ich gerade irgendwo über der Sahara sein. Stattdessen sitze ich auf dem Internationalen Flughafen von Madrid und warte geduldig auf meinen Flug zurück in die Staaten. Meine Reise war ursprünglich als zweiwöchiger Trip über Marokko, die Kanarischen Inseln, Mauretanien und Mali geplant, aber die letzten zwei Länder wurden als Opfergabe an den gnadenlosen Gott der logistischen Albträume gestrichen. Die beiden letzten Wochen waren voller Widrigkeiten.

Das elektronische Zündsystem fesselte unsere marokkanische Cessna 182 noch vor ihrem Jungfernflug an den Boden und ging unserem einheimischen Piloten Rashid kräftig auf die Nerven. Mit der Aussicht, dass harte Währung durch seine Finger rinnen würde, weigerte sich Rashid, seine Zulassung an Nigel, den Kommandanten unserer Ersatz-Cessna, zu überschreiben. Dann kam sein unternehmerischer Instinkt zum Vorschein, und er stimmte zu, Nigel für einen eintägigen Flug über Marrakesch zu autorisieren – gegen eine angemessene Gebühr. Als Nächstes behauptete er, seine kaputte Maschine sei wundersam genesen. Er bestand darauf, die Gebühr zu verzehnfachen, wenn wir weiterhin mit Nigel fliegen würden.

Als wir uns weigerten, Rashids Bedingungen anzunehmen, änderte sich das Verhalten der Sicherheitsbehörden des Flughafens von Marrakesch uns gegenüber schlagartig: von wohlwollender Gastfreundschaft hin zu offenkundiger Feindseligkeit.

Die Gendarme drohten, unsere Pässe zu beschlagnahmen und uns zu inhaftieren. Ich simulierte starke Schmerzen in der Brust und verlangte ausländische ärztliche Hilfe. Mit Unterstützung eines älteren Beamten, der keinen großen Nutzen darin sah, dass in seinem Flughafen ein Amerikaner mit Herzstillstand zusammenbrach, erhielten wir die Erlaubnis, Marrakesch mit Ziel Kanarische Inseln zu verlassen.

Mitten über dem Atlantischen Ozean machte uns Nigel die erschreckende Mitteilung, dass wir es vielleicht nicht vor Sonnenuntergang bis zu den Kanaren schaffen würden. Soweit ich mich erinnere, machten die Reisebroschüren keine Angaben darüber, wie man ein Flugzeug in totaler Dunkelheit auf einer winzigen bergigen Insel landen könne.

Nach zwei gesegnet ereignislosen Tagen, an denen ich auf den Kanaren fotografierte, drängte ich Nigel, unseren Rückflug zum Festland und über die Westsahara nach Mali zu berechnen. In einer Art Kreuzverhör gab er zu, dass es auch mit genügend Benzin ein harter Kampf sein würde.

Ich machte mir kurz Gedanken darüber, welchen Marketingeffekt es hätte, mein Werk posthum zu veröffentlichen und entschied mich dagegen. Gestärkt durch meinen Selbsterhaltungstrieb teilte ich Nigel mit, der Trip sei zu Ende und machte Pläne, in die Staaten zurückzukehren – mit einem mitleiderregenden kleinen Stapel von Filmen, aber gesund.

Am Ende dieser ärgerlichen Geschichte erinnere ich mich an die Warnung, niemals zuzusehen, wie Wurst gemacht wird, solange man nicht vorhat, Vegetarier zu werden. So lyrisch und verlockend Luftfotografie sein mag, für den Eintritt in diese Welt braucht man ein Ticket, und das hat seinen Preis.

 | *Grasende Gnus.* MASSAI-MARA-WILDRESERVAT, KENIA

 | *Fischreusen.* KOSI BAY, KWAZULU-NATAL, SÜDAFRIKA

 | *Herzförmige Lichtung im Mangrovensumpf.* **SALOUM-DELTA, SENEGAL**

 Aufgescheuchte Pelikane. **CAPRIVI-ZIPFEL, NAMIBIA**

 | *Die leuchtenden Tupfen sind orangefarbene Blätter der Küstenmangroven.* **LAMU-INSELN, KENIA**

 | *Kamele nahe dem* LAKE LOGIPI, KENIA

Wenn ich in die gelben Augen eines Löwen oder die orangefarben leuchtenden Augen eines Geparden blicke, weiß ich nie genau, was in den Tiefen des Geistes der Katzen vor sich geht.

Die Sprache ihrer Gedanken ist nicht meine Sprache. Wir kommunizieren lediglich im Sinn von «kämpfe oder fliehe».

Aber wenn meine Augen den Augen im massiven Schädel eines Elefanten begegnen, treten auch unsere Gedanken in Kontakt. Nicht für einen Moment halte ich mich bei diesem Zusammentreffen für das überlegene Wesen. Wir sprechen als Ebenbürtige, sind nur von unterschiedlicher Gestalt. Hinter seinen verschleierten Augen prüft der Geist des Elefanten meinen eigenen. Er weiß, dass meiner Art nicht im Geringsten zu trauen ist. Auch wenn meine Hände nichts Tödlicheres halten als eine Kamera, haben meine Brüder seine Verwandten heimgesucht, mit deren Stoßzähnen stattlichen Gewinn gemacht. Sie haben verrottendes Fleisch zurückgelassen und verwaiste Jungtiere. Ich kann nicht für ihre Sünden Rechenschaft ablegen, sondern nur für meine eigenen.

Ich weiß sehr wohl, dass die Kleinen der Herde am wichtigsten sind, geschützt von einem Wald aus Beinen und leicht erregbarem Zorn. Ich weiß auch um die Unverletzlichkeit des Schutzgürtels, der um die Jungen gezogen wird, und dass ich diese verbotene Zone, die von den älteren Weibchen markiert wird, nicht betreten darf. Aber ich möchte mich an den Possen des Nachwuchses erfreuen und laut lachen, wenn die kurzen Beine eilig mit den kräftigsten der Herde mithalten wollen – das ist sicher erlaubt.

Das Band des Vertrauens ist gebrochen, und es kann nie mehr heilen. Ich kann es in den Augen der Elefanten lesen. Ich spüre es am deutlichsten bei den Ältesten der Herde, denjenigen, deren eingefallene Schläfen die Spuren des Alters tragen. Ich fühle die Kraft ihrer Melancholie. In mir selbst spüre ich das sengende Brennen der Scham. Aber für einen flüchtigen Moment fliegt ein Gedanke von ihren Augen zu meinen, die Bereitschaft zuzugeben, dass wir an diesem Platz gewöhnliche Reisende sind. Für diesen Moment sind wir mit einer längst vergangenen Zeit verbunden, in der wir, wenn sich unsere Pfade kreuzten, noch in Frieden getrennte Wege gingen und bewundernde Blicke austauschten.

Elefanten bilden einen Schutzwall um die Jungen in der Nähe des MOREMI-WILDSCHUTZGEBIETS, BOTSWANA

 | *Fischer holen ihre Netze im flachen Wasser ein.* INDISCHER OZEAN, KÜSTE VON KENIA

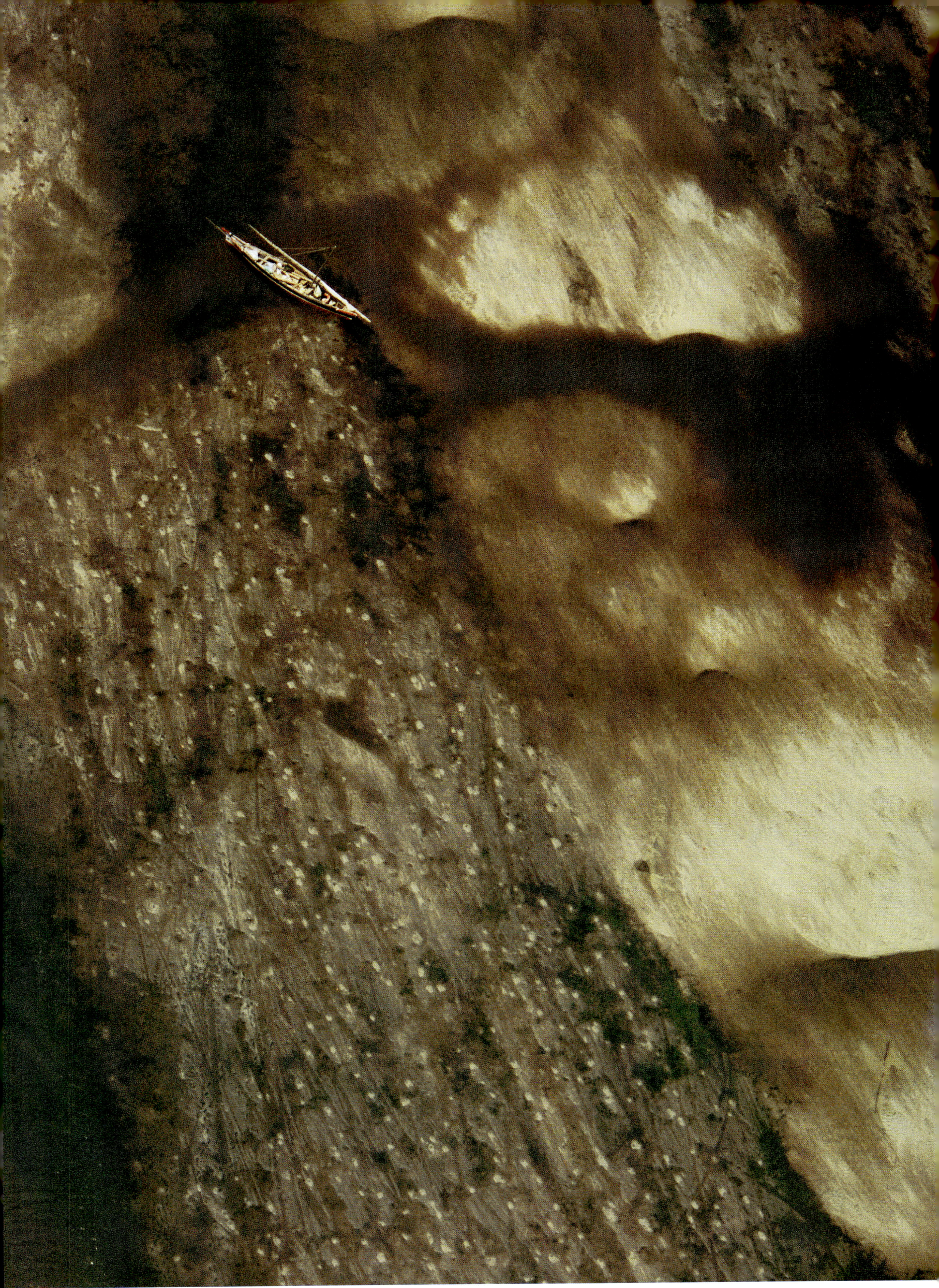

 | *Ein Pier aus Steinblöcken.* LA GOMERA, KANARISCHE INSELN

 | *Am Stadtrand von* MARRAKESCH, MAROKKO

 | *Landzunge und Soda-Ablagerungen.* MAGADISEE, KENIA

 | *Erhabener Blick über die* SEMIENBERGE, ÄTHIOPIEN

Als wir vorsichtig eine Gruppe von Zebras umrunden und durch das knöcheltiefe Wasser der Makgadikgadi-Salzpfanne in Botswana staksen, kommt mir der Gedanke, dass einem Tier in der Wildnis nie langweilig ist. Die dynamische Beziehung von Räuber und Beute sowie die ständige Suche nach Nahrung erfordern, dass die Tiere ständig auf der Hut sind und selbst kurze Pausen wohlüberlegt sein wollen. Ich habe oft über die Tatsache nachgedacht, dass die Wildtiere Afrikas (und überall sonst) auch von den Qualen der Einsamkeit verschont bleiben. Jede Art scheint entweder dazu bestimmt zu sein, ein Leben in Gemeinschaft zu führen oder es zum größten Teil allein zu verbringen, je nach den Besonderheiten ihres Lebensraums und den Vorgaben ihres Überlebensplans. Eine Herde von einigen Hundert Lechwe-Antilopen, die über das Sumpfland des Okawango-Deltas zieht, ist genauso in perfekter Weise an ihrem Platz wie ein Oryx-Antilopenpaar, das in der endlosen Weite der Namib eine riesige Sanddüne überquert – völlig im Einklang mit sich selbst und seiner Umgebung.

Sicher, bei einigen Arten mag der Tod eines Herdenmitglieds oder Leittiers Gefühle auslösen, die der Einsamkeit gleichen, aber nicht in einem Ausmaß, dass der Verlust die eigene Existenz gefährdet. Nichts darf das zielgerichtete Streben nach Überleben beeinträchtigen. Das vielleicht erstaunlichste Beispiel für dieses Verhalten findet sich in der Reaktion einer Löwin auf den Tod ihrer gesamten Nachkommenschaft, wenn ihre Jungen nach einem Führungswechsel im Rudel vom neuen Leittier getötet werden. Sofort nachdem sie den Verlust ihrer Jungen durch den Anführer erlitten hat, gerät die Löwin normalerweise in eine Periode der Fruchtbarkeit und signalisiert dem frisch gekrönten Alpha-Männchen, dass sie willig ist, den Kreislauf des Lebens von neuem zu beginnen.

Akute Langeweile oder Einsamkeit scheinen eine menschliche Erfindung zu sein, Eigenheiten, die wir nur auf andere Arten übertragen können, wenn wir sie aus ihrem natürlichen Lebensraum entfernen. Ohne den Eingriff des Menschen sind die zwillingshaften Eigenschaften Langeweile und Einsamkeit ein Luxus, den sich Wildtiere nicht leisten können. Die Herausforderungen des puren Überlebens erlauben nur wenig Raum für solche Emotionen. Vielleicht ist dies einer der größten Vorteile der „niedrigeren" Form tierischen Lebens. Man stelle sich vor, ein ganzes Leben zu verbringen, ohne sich jemals zu langweilen oder einsam zu fühlen.

Einzelnes Gnu inmitten einer Zebraherde. MAKGADIKGADI-SALZPFANNE, BOTSWANA

 | *Giraffe auf einer Flussbank,* MASSAI-MARA-WILDRESERVAT, KENIA

 | *Giraffen im gestreckten Galopp.* OKAWANGO-DELTA, BOTSWANA

 | *Arbeiter zwischen Salzhügeln nördlich von* MALINDI, KENIA

 | *Krater eines aktiven Vulkans.* DANAKILSENKE, ÄTHIOPIEN

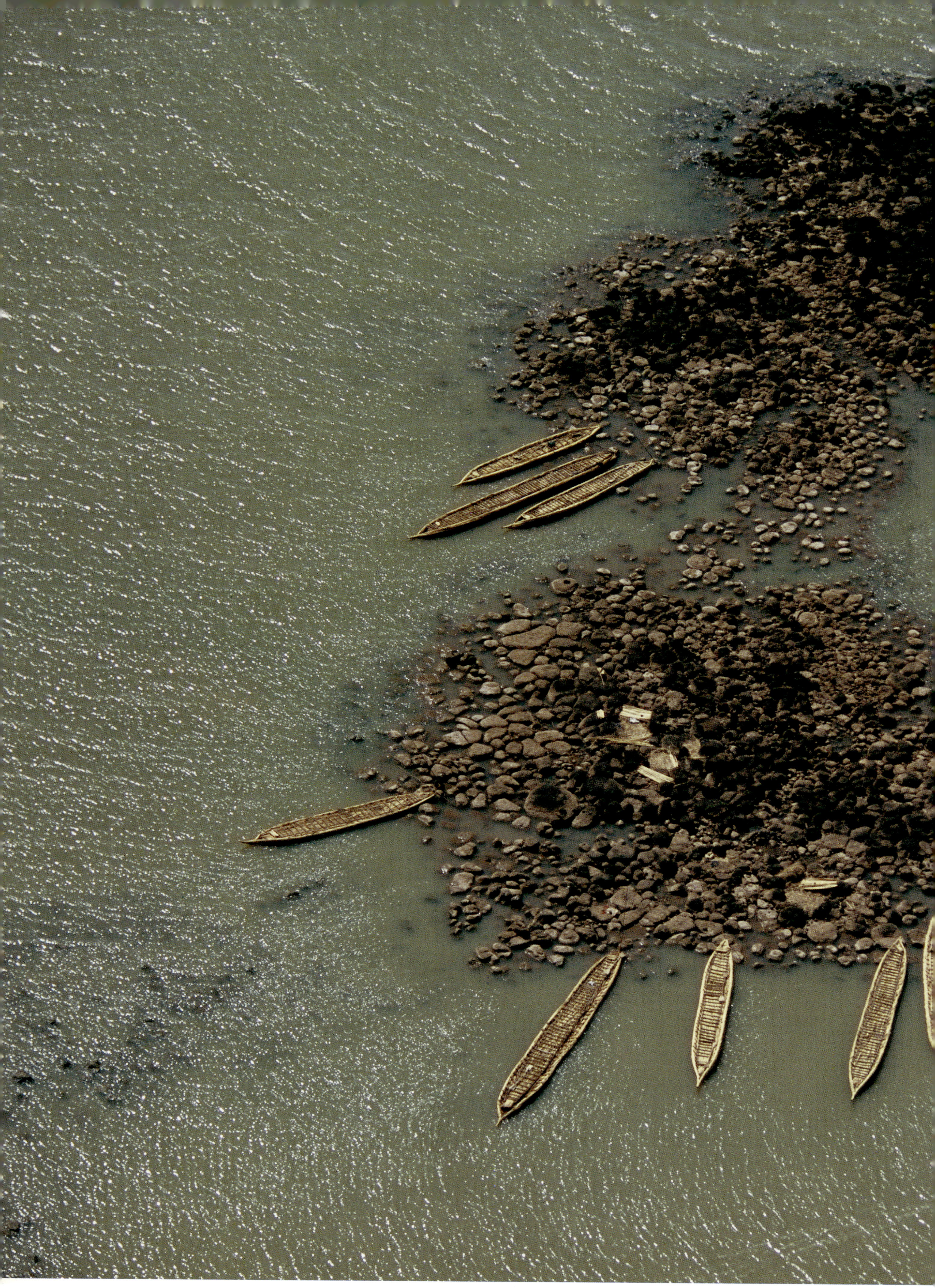

 | *Papyrusboote,* tankwa *genannt.* TANASEE, ÄTHIOPIEN

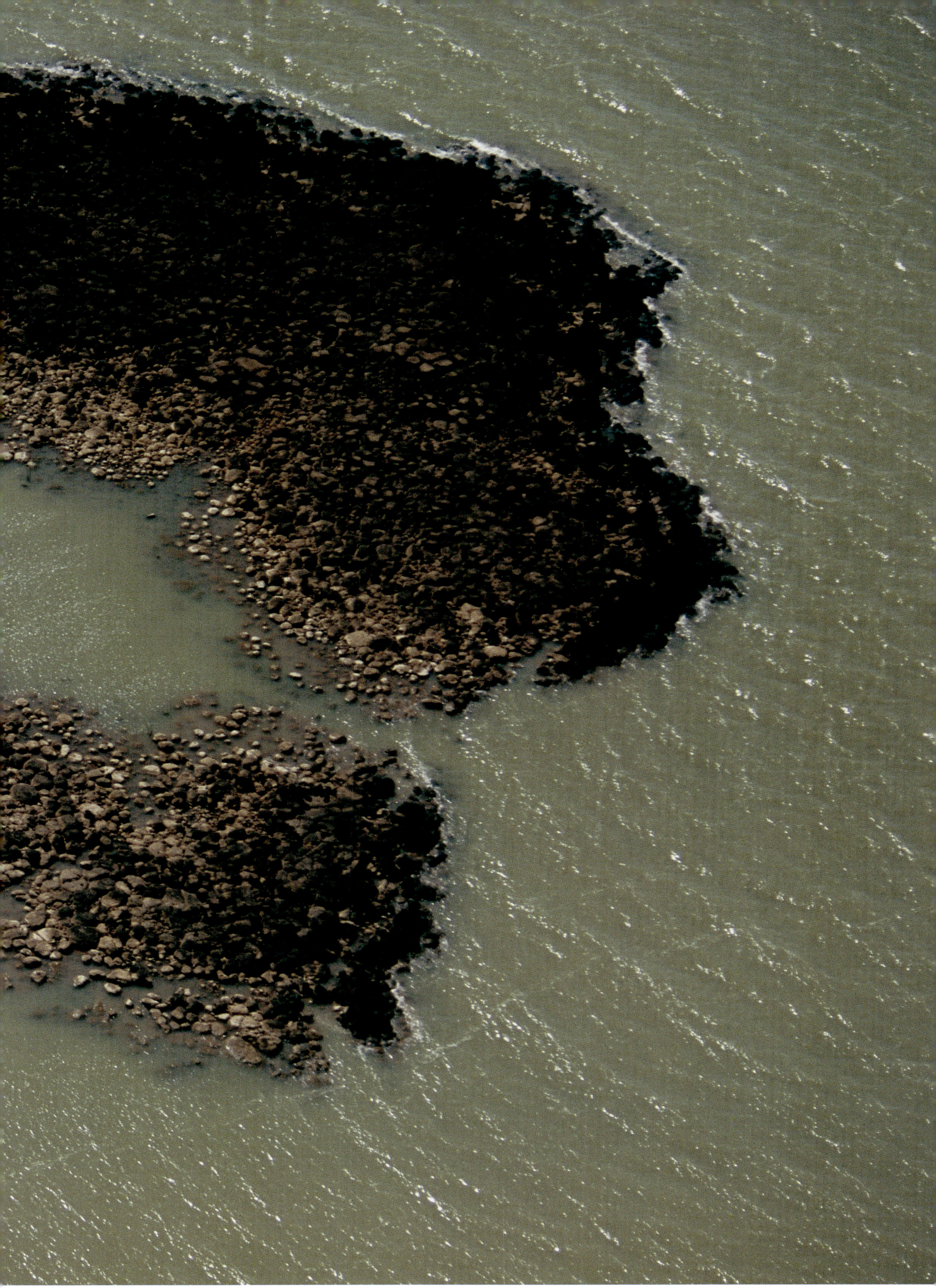

 | *Salzfelder am Lake Asale.* DANAKILSENKE, ÄTHIOPIEN

 | *Massai-Hütten mit Umfriedung* MASSAI-MARA-WILDRESERVAT, KENIA

Ich finde es merkwürdig, wie sich das Leben in kurzen Abrissen zeigt. Scheinbar ohne einen klaren Plan enthüllt sich der Lebenslauf Schritt für Schritt, bis im Rückblick der gegangene Weg für das Auge erkennbar wird.

Der Verlauf der jetzt anstehenden Tage nimmt eine nie vorher gesehene Gestalt an. In der Jugend werden wir vielleicht von der einseitigen Suche nach Erfolg und Geld verführt. Wir reihen uns ein in die Jagd und strampeln uns ab, blind, wohin dieses andauernde Rennen führen mag. Wir haben nur eine vage Vorstellung davon, was für einen Sinn diese Anstrengungen haben.

Wenn der Antrieb der früheren Jahre Früchte trägt, machen wir vielleicht eine kurze Pause. Wir überblicken die zurückgelegte Strecke und das eingenommene Land und fragen uns, ob es nicht einen höheren Grund für diesen gehetzten Marsch gibt. Das heiße Streben nach weltlichen Gütern hat seine eigenen Verdienste mit sich gebracht. Aber was noch besser ist: Die erzielte Währung erlaubt uns innezuhalten – und einen anderen Weg zu wählen.

Auf dieser afrikanischen Reise hat die Rast am Straßenrand meinen Blick auf Pfade gelenkt, die seit alters her begangen werden, und auf Waren, an denen kein Preisschild hängt. Ich habe eine spezielle Qualität des Friedens in unberührten Flecken der Erde entdeckt, die noch intakt sind und Zeugnis dafür ablegen, was einst war. Ich habe Trost in einer Zeit gefunden, in der nur wenige Pfade den Blick störten und der Mensch jenseits der Grenzen seiner Stadt unbekannt war.

Diese neue Reise hat mich weit weg von ausgetretenen Pfaden geführt: zu weiten Deltas mit donnernden Herden und zu bergigen Pfaden, auf denen einsame Reisende gehen. Die Route führt durch eine entlegene Wüste, eine lebensfeindliche Region, durch die Schakale ziehen, und die der Mensch kaum begreifen kann. An Plätzen mit exotischen Namen wie Skeleton Coast und Kosi Bay hat mich die Zufriedenheit verhext, in einem zeitlosen Rhythmus, den moderne Ohren kaum kennen. An verborgenen Orten habe ich das Echo der Vergangenheit gehört. Es bezeugt, dass der Weg, der vor mir liegt, in Länder führt, die weit in die Vergangenheit reichen.

Fischgrätmuster auf einer Sandbank bei Ebbe. **MOMBASA, KENIA**

Danksagung

Ich danke den Mitgliedern der großen NATIONAL-GEOGRAPHIC-Familie, die an meiner Vision, ein Luftbild von Afrika zu schaffen, beteiligt waren und mir eine Gruppe begnadeter Künstler zur Seite stellten, die mir bei dieser Aufgabe half: John M. Fahey, Jr., Terrence B. Adamson, Terry D. Garcia, Chris Johns, Nina D. Hoffman, Kevin Mulroy, Lisa Lytton, Kathy Moran, Bill Marr, Margo Browning und Karen Kostyal.

Meine eigene Familie erkannte, dass wir die Grenzen unserer Talente nur ermessen können, wenn wir unsere Träume verfolgen. Dafür danke ich Candice und unseren Töchtern Samantha, Courtney und Vanessa; außerdem den vierbeinigen Mitgliedern des Haas-Clans: Oliver, Elmer, Chloe, Henry und Spencer.

Besonderer Dank gebührt Kuki Gallmann, die mit ihrer einzigartig lyrischen Stimme die Einführung schrieb und dabei ihre grenzenlose Liebe zu Afrika in den Text einfließen ließ.

Die National Geographic Society, eine der größten gemeinnützigen wissenschaftlichen Vereinigungen der Welt, wurde 1888 gegründet, um «die geographischen Kenntnisse zu mehren und zu verbreiten». Seither unterstützt sie die wissenschaftliche Forschung und informiert ihre mehr als neun Millionen Mitglieder in aller Welt. Die National Geographic Society informiert durch Magazine, Bücher, Fernsehprogramme, Videos, Landkarten, Atlanten und moderne Lehrmittel. Außerdem vergibt sie Forschungsstipendien und organisiert den Wettbewerb *National Geographic Bee* sowie Workshops für Lehrer. Die Gesellschaft finanziert sich durch Mitgliedsbeiträge und den Verkauf der Lehrmittel.

Die Mitglieder erhalten regelmäßig das offizielle Journal der Gesellschaft: das NATIONAL GEOGRAPHIC-Magazin.

Falls Sie mehr über die National Geographic Society, ihre Lehrprogramme und Publikationen wissen wollen, nutzen Sie die Website unter www.nationalgeographic.com.

Die Website von NATIONAL GEOGRAPHIC DEUTSCHLAND können Sie unter www.nationalgeographic.de besuchen.

Titel der amerikanischen Originalausgabe:
Through the Eyes of the Gods
Von Robert B. Haas (Fotos und Essays)
Einleitung von Kuki Gallmann

Autorisierte deutsche Ausgabe veröffentlicht von National Geographic Deutschland (G+J/RBA GmbH & Co KG), Hamburg 2005.
3. Auflage 2006

VERÖFFENTLICHT VON DER NATIONAL GEOGRAPHIC SOCIETY
John M. Fahey, Jr., *President and Chief Executive Officer*
Gilbert M. Grosvenor, *Chairman of the Board*
Nina D. Hoffman, *Executive Vice President*

ERARBEITET VON DER FACHABTEILUNG BUCH
Kevin Mulroy, *Senior Vice President and Publisher*
Marianne R. Koszorus, *Design Director*

MITARBEITER AN DIESEM BUCH
Lisa Lytton, *Editor*
Margo Browning, *Text Editor*
Kathy Moran, *Illustrations Editor*
Bill Marr, *Designer*
Carl Mehler, *Director of Maps*
K. M. Kostyal, *Text Editor for Kuki Gallmann's introduction*
Gary Colbert, *Production Director*
Clayton R. Burneston, *Supervisor, Pre-Press*
Lewis Bassford, *Production Project Manager*
Meredith C. Wilcox, *Illustrations*

KARTE
Gregory Ugiansky, *NG Books*
Kevin P. Allen und Billie Leff, *NG Maps*
Neal Edwards, *NG Digital Imaging Services*
Robert Stacey, *WorldSat International, Inc.*

HERSTELLUNGS- UND QUALITÄTSKONTROLLE
Christopher A. Liedel, *Chief Financial Officer*
Phillip L. Schlosser, *Managing Director*
John T. Dunn, *Technical Director*

ÜBERSETZUNG: Barbara Kiesewetter
LEKTORAT: Alexandra Schlüter
SCHLUSSREDAKTION: Katharina Harde-Tinnefeld
TITELGESTALTUNG: Lutz Jahrmarkt
PRODUKTIONSGRAFIK: Sandra Cordes
REDAKTIONSASSISTENZ: Alexandra Carsten
HERSTELLUNG: Dirk Beyer

Printed in Spain
ISBN 3-937606-24-6

TECHNISCHE DATEN

Luftfahrzeuge: Cessna-Flugzeuge in Marokko und auf den Kanarischen Inseln; Bell-Jet-Ranger-Hubschrauber und Eurocopter-Hubschrauber über dem Rest des Kontinents.

Kamera: Canon EOS-1v 35mm SLR

Objektive: EF 300mm f/2.8L IS USM; EF 70-200mm f/2.8L IS USM; EF 28-70mm f/2.8L USM und EF 17-35mm f/2.8L USM (alles Canon-Objektive)

Filme: Fujichrome Velvia 100F und Fujicolor Superia 200

TITELFOTO: Oryx-Antilopen in der Kalahari, Namibia.
FOTO AUF DER BUCHRÜCKSEITE: Fischreusen in der Kosi Bay, Südafrika.

Biografie

RICHARD DU TOIT

ROBERT B. HAAS (oben) machte seine Abschlüsse an der Yale University und der Harvard Law School. Beide Universitäten verliehen ihm eine Professur, an beiden Institutionen hielt er regelmäßig Vorlesungen. Seit 1983 ist Haas Vorstandsvorsitzender einer Investmentfirma in Dallas, die er mitgegründet hat.

Neben seiner Tätigkeit als Geschäftsmann arbeitete Haas erfolgreich als Wildlife-Fotograf. Von 2002 an konzentrierte er sich fast ausschließlich darauf, den Schwarzen Kontinent aus der Luft zu fotografieren. Bevor Bobby Haas den Bildband „Magisches Afrika" veröffentlichte, fand seine Leidenschaft für diesen Erdteil bereits in den Büchern „A Vision of Africa" (1998), „Predators" (2001), „African Critters" (2002) und „Ten Days on the Chobe" (2002) ihren Ausdruck. Die Titel wurden nicht im Handel vertrieben, sondern an Schulen, Bibliotheken, wohltätige Stiftungen und Naturschutz-Organisationen auf der ganzen Welt verschenkt. 25 000 Ausgaben von „African Critters" – ein fotografisches Tagebuch, das Kindern gewidmet ist – überließ Haas den Grundschulen von New York und Texas als Unterrichtsmaterial. Eine Sonderausgabe des Titels wurde für die Schulen in Namibia und der Region Western Cape in Südafrika sowie für das Kinderhilfswerk „Roots and Shoots" von Jane Goodall gedruckt, das in mehr als 80 Ländern verbreitet ist.

Im Jahr 2002 wurde Haas mit einem Preis des United Nations Environment Programme für seinen Beitrag zum Schutz gefährdeter Tiere und Lebensräume ausgezeichnet.

KUKI GALLMANN, gebürtige Italienerin, studierte in Padua politische Wissenschaften. 1970 kam sie das erste Mal nach Kenia, zwei Jahre später machte sie das Land zu ihrer Heimat. Gemeinsam mit ihrem Mann kaufte sie die 40 000 Hektar große Farm Ol Ari Nyiro in Laikipia am Rand des Ostafrikanischen Grabens. Nach dem tragischen Tod ihres Mannes und ihres Sohnes gründete Kuki Gallmann die Gallmann Memorial Foundation, die sich aktiv für ein harmonisches Miteinander von Mensch und Umwelt einsetzt. Ihre Autobiografie „Ich träumte von Afrika" wurde in 21 Sprachen übersetzt und mit Kim Basinger in der Hauptrolle verfilmt.